Sermones de san Vicente Ferrer: en los cuales trata de la venida del Anticristo, y Juicio final

De su predicación en Castilla, entre 1411 y 1412

(Segunda edición, corregida y aumentada)

Transcripción, traducción, adaptación y notas del
P. Dr. Javier Olivera Ravasi
Sanary sur mer (Francia) 2017

Presentación

Hace varios años, con la idea de leer lo que los santos habían dicho acerca del fin de los tiempos, comenzamos a buscar, por referencias, la obra de San Vicente Ferrer, "el ángel del Apocalipsis". Por entonces, nuestras indagaciones fueron inútiles.

Sólo con el tiempo llegó hasta nuestras manos este manuscrito (aún nunca publicado en castellano actual), en el cual, con prolija letra gótica y en un castellano abreviado del siglo XVI, pudimos leer con gran fruición las predicaciones *ad populum* que el santo valenciano prodigaba a principios del siglo XV.

La grafía gótica y la escritura abreviada y manuscrita, sumado a los quinientos años que nos separan del texto, hacían que estos sermones se encontraran casi inaccesibles para el público en general[1]. Fue esto lo que nos decidió a ponernos manos a la obra hasta presentar ahora el trabajo que tiene el lector entre manos.

¿De qué se trata pues este texto? Pues de los sermones que el santo valenciano predicó acerca del fin de los tiempos y la venida del Anticristo.

Vale tener en cuenta que, acerca de su autenticidad, la crítica moderna los tiene por válidos aunque no por autógrafos[2], como claramente surge del texto que aquí

---

[1] Algo publicó la editorial EUNSA, pero el texto que ahora presentamos corresponde a otro manuscrito y es completo, a diferencia del señalado (cfr. FRANCOISE GILBERT, Libro del Anticristo. *Declaración del sermón de San Vicente*, EUNSA, Navarra 1999, 220 pp.).
[2] SIGISMUND BRETTLE, O. M. C, *San Vicente Ferrer und sein literarischer Nachlass*, Münster in Westf., Aschendorffschen Verlagsbuchhandlung, 1924, 78. Los estudios más recientes y completos sobre este tema son los de P. M. Cátedra, «La

presentamos; la doctrina, sin embargo, es claramente del santo[3].

En cuanto al trabajo, además de la breve reseña biográfica, hemos procurado la adaptación al castellano actual, colocando algunas breves notas a pie de página y uniformando las citas bíblicas que el santo menciona.

P. Dr. Javier Olivera Ravasi
28 de Enero de 2017,
memoria de Santo Tomás de Aquino

---

predicación castellana de San Vicente Ferrer», *Boletín de la Real Academia de Buenas Letras de Barcelona*, 39, 1983-1984, pp. 235-309 y, con nuevas e interesantes aportaciones, *Sermón, sociedad y literatura en la Edad Media. San Vicente de Ferrer en Castilla (1411-1412)*, Salamanca, Junta de Castilla y León, 1994.

[3] Como puede verse en la carta acerca de Anticristo que el santo escribió en 1412 a Pedro de Luna (el anti-papa Benedicto XIII).

Breve reseña biográfica

El gloriosísimo y apostólico varón san Vicente Ferrer, nació en la ciudad de Valencia, el 23 de enero de 1350, de la noble familia de los Ferrers, y fue hermano de Bonifacio Ferrer, gran jurista y después prior general de la Cartuja. Desde su niñez se juntaba el santo con otros muchachos y les decía: «Oídme, niños, y juzgad si soy buen predicador» y haciendo la señal de la cruz, refería algunas razones de las que había oído a los predicadores en Valencia, imitando la voz y sus movimientos tan vivamente, que dejaba admirados a los que le oían. Llegando a la edad de diez y ocho años tomó el hábito del glorioso santo Domingo, y vino a ser un perfecto retrato de la vida religiosa. Hizo sus estudios en los conventos de Barcelona y Lérida, y en esta universidad se graduó de Maestro en Teología, para dar principio a su carrera apostólica.

Era muy agraciado y de gentil disposición, y queriendo traerle a mal algunas mujeres, él las ganó para Cristo. En el espacio de diez y ocho años, sólo dejó de predicar quince días, y siempre fue raro y estupendo el fruto de sus sermones no sólo en España, sino también en Francia, Inglaterra, Escocia, Irlanda, Piamonte, Lombardía y buena parte de Italia; y predicando en su lengua valenciana en estas naciones, le entendían como si predicara en la lengua de aquellos países, que es don raro y apostólico. Sólo en España, convirtió más de veinticinco mil judíos y diez y ocho mil moros. Muchos pecadores convertidos y otra gente sin número le seguían de pueblo en pueblo, y eran tantos, que cierta vez se hallaron ochenta mil que, haciendo procesiones muy devotas y solemnes, se disciplinaban terriblemente, derramando mucha sangre en memoria de la Pasión del Señor y en satisfacción de sus pecados; y eran tantos los disciplinantes, que había tiendas de disciplinas como si fuera feria de azotes.

Vino una vez a confesarse con el Santo un gran pecador, y después de haberle oído, le mandó hacer siete años de penitencia. Estaba el hombre tan contrito, que le pareció poca la penitencia, y le dijo: «Oh padre mío; y ¿pensáis que con esto me podré salvar? Sí, hijo, le dijo el santo. Ayuna solo tres días a pan y agua». Lloraba el pecador amargamente, y vista su contrición le tornó san Vicente a decir que rezase solo tres padres nuestros; y acabando de decir el primero, murió allí de puro dolor, y apareció al santo y le dijo que estaba en la gloria sin haber pasado por el purgatorio por haberle tomado Dios aquel dolor en cuenta por sus pecados.

En tiempos del turbulento cisma de occidente, optó cuando las cosas no eran claras, por el cardenal Pedro de Luna, quien se hizo coronar como Benedicto XIII, sin derecho.

Los milagros que obró el Señor por san Vicente fueron tantos, que sólo en los cuatro procesos que se hicieron en Aviñón, Tolosa, Nantes y Nápoles, se sacan, sin los demás, ochocientos sesenta. En España hasta los mismos reyes de Aragón salían a recibirlo; lo llamaron el emperador Segismundo, el rey de Inglaterra, y hasta el rey de Granada, siendo, como era, moro; y todos lo miraban como a hombre más divino que humano. A la muerte de Martín de Aragón fue elegido para las cortes de Aragón, Valencia y Cataluña, y declaró por rey al infante de Castilla don Juan el primero. Finalmente habiendo este predicador divino abierto el cielo a innumerables almas, dio su espíritu al que para tanta gloria suya le había criado. Murió a la edad de setenta y cinco años, en la ciudad de Nantes, acudiendo tanta gente a reverenciarlo, que por espacio de tres días no se pudo sepultar.

Declaraciones de los sermones de san Vicente Ferrer[4]

Es opinión de algunos doctores modernos (conforme a lo que el mismo san Vicente dijo una vez predicando en Salamanca) que la profecía que escribió san Juan en el Apocalipsis, en el capítulo catorce, que vio un Ángel volando por medio del cielo que a grandes voces decía: "Temed a Dios, y dadle la honra que debéis, porque ya es llegada la hora del juicio", se cumplió en el dicho san Vicente Ferrer, fraile de la orden de Predicadores, natural de la ciudad de Valencia, tan nombrada en nuestra España. El cual fue ángel en la vida, y obras: en la vida, porque fue virgen, y libre de todo pecado mortal; en la obra, porque así como *ángel* quiere decir mensajero, así él fue mensajero de Dios, enviado por el mismo Jesucristo Nuestro Redentor: como en la historia se lee, que estando en la ciudad de Aviñón enfermo de calenturas, se le apareció Nuestro Señor Jesucristo; y consolándole, le mandó que se levantase, *y fuese por el mundo a predicar cómo la hora del juicio había llegado*[5]. Poniendo por obra lo que le había sido mandado, volando por medio del cielo -que es, discurriendo por todas las partes Occidentales de este mundo- y teniendo el don de lenguas que los Apóstoles tuvieron, voz que de todas naciones fuese entendido, comenzó a predicar con mucha

---

[4] San Vicente Ferrer, *Sermones de San Vicente Ferrer: en los quales trata de la venida del Antichristo y juycio final*, Joan Navarro, *Valencia* 1566, 184 pp. El original se encuentra en lengua castellana y letra gótica, muy probablemente traídos a partir de los *reportatores* que tomaban nota de los sermones repetidos por el santo. Uno de sus originales puede encontrarse en la *Biblioteca Valenciana*. Colección: BV Fondo antiguo. Ubicación: BV Biblioteca *Nicolau Primitiu*. Signatura: XVI/148 y en la Biblioteca Valenciana Digital.

[5] Las cursivas, las negritas y los subtítulos empleados, salvo aclaración, son nuestros (nota del tr.). Los hemos utilizado *in extenso* para facilitar su lectura en la versión digital.

instancia que el fin del mundo estaba muy cerca. Y así predicó muchos sermones acerca del juicio donde *planteaba tres cosas principales.*

1) La primera de la destrucción y la pérdida de la vida espiritual.

2) La segunda de la pérdida y caída de la dignidad eclesiástica.

3) La tercera de la pérdida de la fe católica.

En estos sermones trata de muchas calamidades, y miserias que han de venir, y que han pasado. Al fin habla de los dos Anticristos, el *uno mixto* (u oculto), y el otro público: el cual, una vez que llegue, en pocos días será el fin del mundo, según este santo Doctor esgrime.

Es solamente Dios quien puede determinar la certeza de lo aquí declarado; y callará toda mala lengua al oír la doctrina del amigo de Nuestro Señor Jesucristo, San Vicente Ferrer, por cuyo medio nos haga ganar las sillas del paraíso. Amén.

Primer sermón: Del Anticristo mixto (u oculto)
Ecce positus est hic in ruinam
"Este está puesto para caída y elevación de muchos en Israel" (Lc 2, 34)

PRIMERA PARTE: La destrucción y la pérdida de la vida espiritual

Estas palabras son escritas en el segundo capítulo de san Lucas, para hablar del fin del mundo y dice dos cosas. La primera es, que no quiero alabar ni reprender a los que predican el fin del mundo, y dicen que será de aquí a poco tiempo. La segunda es de los que predican, o dicen que el fin del mundo no está tan cerca como algunos dicen. A estos no los quiero alabar, ni confutar; sin embargo ahora, para mostrar a cuáles de ellos hay que creerles más, quiero declarar tres profecías que están escritas en los capítulos segundo, tercero, y cuarto de libro de Daniel, de las cuales, la primera habla de la *caída de la vida espiritual*, la segunda habla de *la caída de la dignidad eclesiástica* y la tercera, de *la caída de la fe católica*. Y esto digo, porque al tiempo que vieseis cumplir todas estas tres cosas, una después de la otra, podáis conocer cuál de los predicadores es más verídico.

Y como todas las cosas del Antiguo Testamento eran dichas en figura, alego aquí autoridades respecto del fin del mundo, hablando moralmente. Pues *cuando vieseis cumplida la sentencia, o entendimiento de la primera profecía, entonces podáis decir:* "Ved el estado de la vida espiritual puesto en ruina, y destrucción". Esto mismo se podrá decir de las otras dos. Y en aquél tiempo estará muy cerca del fin del mundo.

Digo entonces primero, que Daniel nos demuestra en la primera profecía la caída de la vida espiritual, al contar en el segundo capítulo, que el Rey Nabucodonosor vio en sueños una estatua muy grande, la cual tenía la cabeza de oro puro, los pechos y brazos de plata, el vientre y los muslos de bronce, las piernas de hierro, y los pies eran de una parte de barro y de la otra de hierro. Después vio venir una piedra del monte, cortada sin manos de hombres, la cual viniendo a los pies de la estatua, la volvió toda en polvo.

Y el sentido alegórico de dicha estatua, nos demuestra el comienzo y fin de la Iglesia.

1) La cabeza de oro: la Iglesia en tiempo de los apóstoles y mártires

Su cabeza de oro puro, es entendida por el tiempo de los apóstoles y de los mártires, que fue el principio de la Iglesia: ella era entonces de oro puro; quiero decir que la cristiandad gozaba de perfecta vida espiritual, y estaba en el ardor de la devoción, y de la caridad soberana; porque así como el oro es más excelente, y excede a todos los otros metales, así hace la vida espiritual a todas las otras vidas. En aquel tiempo de los apósteles y mártires, luego de enseñar a hablar a los cristianos se les enseñaba también a hacer la señal de la Cruz. Bendecían todos la mesa antes de comer y todos sabían el *Pater Noster*, el *Ave María* y el *Credo*. Todos los días oraban de mañana y de tarde, oyendo misa antes que hiciesen algo de lo temporal o de sus negocios. Cada día eran constantes, perseverando en la fracción del pan: quiere decir que trataban del sacramento del altar. Todos los días querían oír sermones, y nunca se enfadaban, ni cansaban por muchos que oyesen. Sabían todos, la manera de confesar sus pecados. Daban a los templos sus ofrendas y de cada cosa daban la décima parte a los sacerdotes; y lo que era mejor, que de sus propios bienes hacían socorros a las iglesias.

Todos se tenían gran caridad y amor. No eran logreros, ni falsos mercaderes, ni mentirosos compradores o vendedores. Unos con otros eran pacíficos, sin contiendas, envidia, ni discordia. Guardaban los matrimonios en gran honestidad. Eran limosneros, fieles y sinceros. Sabían las cosas altas, creyendo aquéllas con simplicidad y firmeza.

Todos los señores temporales eran muy rectos en la justicia y llenos de misericordia.

Los señores eclesiásticos y obispos eran piadosos. De todas sus rentas hacían tres partes, de las cuales daban dos a las iglesias, hospitales, viudas, huérfanos, y pobres. La tercera parte, y menor de todas, retenían para mantener su vida; y lo que de ello al cabo del año había sobrado, lo repartían entre los pobres. Celebraban cada día (los divinos misterios). Casta y santamente vivían, predicando siempre la palabra divina, dando al pueblo buenos ejemplos. Los sacerdotes eran santos, castos, devotos, discretos y de honesta conversación; sin avaricia; muy dispuestos al bien, con mansedumbre y humanidad. Los religiosos eran honestos, pobres, obedientes, y de santa vida, tanto, que de mil, uno sólo apenas se hallaba que quebrantase su regla. Las iglesias eran honradas por su pueblo, tanto en la edificación como en su cuidado y en la devoción. Los oficiales y trabajadores creían los artículos de la fe, guardaban los mandamientos así como los religiosos guardaban sus reglas. Tenían el nombre de Dios en gran reverencia y temor. Y así como era verdadera fe, también la vida era, como ella, con caridad y amor espiritual, y con gran devoción. De tal manera se mantenía todo lo dicho, que la cabeza de la Iglesia era entonces de oro puro. Y *este tiempo duró más de cuatrocientos años.*

2) El torso de plata: el arrianismo y las primeras herejías

Después, la cristiandad descendió de oro en plata, que menos vale. *Los arrianos se levantaron entonces contra la iglesia*, diciendo, como herejes, grandes errores y falsas opiniones contra la fe. Y de tal manera fueron encendidos en la herejía, que *casi todo el mundo fue corrompido de sus falsedades*, las cuales, y sus yerros no se pueden aquí explicar, o decir del todo, empero bien parecen a las claras en la Escritura. Por estos herejes perdieron los cristianos la forma de santiguarse y la manera de hacer oración; dejaron asimismo de oír misa y de comulgar. Dejaron de hacer todos los bienes; *poco faltó para que no pereciera todo el estado de la fe verdadera*, y de la vida. Quiso Dios, entonces, enviar los doctores de la iglesia, como fueron, san Agustín, san Jerónimo, san Ambrosio y san Gregorio, y otros muchos hombres de ciencia y vida: y muy nobles varones, los cuales mantuvieron la fe católica y los mandamientos de la ley, las virtudes, los sacramentos, la buena y santa vida. Estos declaraban y exponían la Sagrada Escritura, disputando contra los herejes; *pero la Iglesia no pudo volver al estado primero de oro*, de donde era bendecida, mas bajó al de plata porque se perdió el gusto por la devoción. Este tiempo plateado, o edad de plata *duró más de cuatrocientos años.*

3) El vientre de bronce: la edad oscura de la Iglesia y la herejía musulmana

Hasta dicho tiempo, la gran estatua es, a saber, la Iglesia y la cristiandad, descendió de plata, en el vientre y piernas de bronce (que vale menos) porque este metal es muy liviano y fácil de mutar y de mal sonido. Así estaba la cristiandad, a diestra y siniestra entre falsos errores y malas costumbres, porque no se predicaba la palabra divina.

Fue en aquel tiempo en que Mahoma se levantó y corrompió toda la Berbería: ya no se quería oír misa sino por la fuerza y nadie procuraba hacer oración: Dios era negado, y el mundo puesto en gran maldad. Todos consentían en cometer delitos y casos muy torpes: la humildad, justicia, misericordia, ya no existían; no había fe entre los hombres. La piedad, la obediencia de los mandamientos, no se conocía ya en el mundo como tampoco la vida virtuosa.

Nuestro redentor Jesucristo quiso entonces destruir el mundo, como se halla en las vidas de los bienaventurados santo Domingo y san Francisco, donde se escribe, que el omnipotente Dios *tenía tres lanzas contra el mundo con muy grande ira por sus pecados y muchas maldades*, las cuales lanzas demostraban tres cosas:

La primera es la persecución del Anticristo.
La segunda el fin del mundo.

La tercera el día del juicio.

En esta grande angustia alcanzó la Virgen María, Nuestra Señora, un tiempo de dilación, para que el mundo no se perdiera; y ganó de su Hijo precioso que esperase las predicaciones de dichos santos bienaventurados, para que predicasen por todo el mundo[6] y se convirtiesen los hombres a Dios. Este tiempo duró tanto como hicieron estas dos reglas los frailes suyos, es decir, unos ciento cincuenta años. Las cuales reglas mueren ahora en cuanto a su observancia[7] y ya han pasado cincuenta años que los frailes no caminan derecho; el voto y las ceremonias no son guardadas, *porque son peores estos frailes que los otros cristianos*, viviendo intrínsecamente en medio de la soberbia, de la ira, de la pereza y de la simonía; tan llenos de vicios que son ejemplo de toda mala vida y hechos del todo camino y carrera para la perdición, por lo que la Iglesia ha bajado del vientre de bronce a las pantorrillas de hierro.

4) Las pantorrillas de hierro: la época de San Vicente Ferrer (1400)

Y es el tiempo en que estamos ahora, porque el hierro es duro, y no se puede doblar, y es tan frío de por sí que no se puede ya más modificar, ni corregir sino con el fuego, ni dándole golpes con los martillos.

En el presente es lo que ha sucedido con la cristiandad, es decir, que no hay ninguno que haga enmienda de sus delitos. Ni los obispos ni los señores temporales, ni los religiosos, ni los sacerdotes, ni los que están en estado conyugal. No hay enmienda en el ermitaño, ni en el mercader, ni en las vírgenes ni en las viudas. Tampoco se halla en el labrador, o en el oficial o en el escudero; pues no se halla la corrección de las costumbres en ningún siervo, escolar, maestro, discípulo, doctor, legista, bachiller o artista.

---

[6] Para que las órdenes religiosas por ellos fundadas predicasen.
[7] San Vicente Ferrer está predicando estos sermones a principios del siglo XV.

No se convierten por predicaciones, ni por ejemplos, ni por milagros. Ni tienen miedo, ni se espantan de los tormentos, ni enfermedades, guerras, hambres, ni mortandad. No hacen enmienda por inundaciones, o diluvios de aguas, ni por eclipses, y oscuridades del sol y de la luna o de los otros planetas; todo nos parece como escarnio y burla. *Están ya tan aborrecidos los cristianos, que no parecen ser ya hombres, sino demonios.*

Todos son muy ásperos unos con otros, sin piedad; sin bondad, crueles, logreros, rabiosos sin lugar a bien alguno; muy endurecidos, sin devoción, y amadores del mundo, sin temor de Dios; son despreciadores del Rey del cielo, sin amor alguno, por lo cual son más duros y ásperos ya los cristianos que el hierro mismo.

¡Oh, cómo ha descendido ya la estatua y la cristiandad en gran perdición al hierro! del cual David profetizó en el salmo CIV *"Humiliaverunt in conpedibus pedes eius"*[8], que quiere decir: "humillaron los pies en las prisiones, o grillos y el hierro pasó a su alma"; porque así como los grillos impiden el andar de los pies corporales, así los pecados impiden al alma espiritual andar derecha con Dios, como dice David: *"Ibunt de virtute in virtutem videbitur Deus deorum in Sion"*[9], que quiere decir: "irán de virtud en virtud, y será visto el Dios de los dioses en Sión". Porque el alma del cualquier discreto cristiano debe andar con dos pies muy aquejada de virtud en virtud. El pie derecho es el amor celestial; y el izquierdo es el temor infernal. Y cuando el diablo tienta de algún pecado, debe pensar el hombre cómo las penas del infierno son aparejadas para el triste que consiente en la mala tentación, y pone por obra el delito. Y así pensando resistirá y le defenderá de las tentaciones.

---

[8] "Humiliaverunt in conpedibus pedes eius ferrum pertransiit anima eius" (Sal 104 [105],18).
[9] "Etenim benedictiones dabit legislator, ibunt de virtute in virtutem: videbitur Deus deorum in Sion" (Sal 83 [84],8).

Lo segundo es cuando el diablo tienta al hombre que deje de hacer algún bien comenzado, y, si aquél acostumbraba hacer algún acto muy virtuoso, le incita ahora a que no lo haga más. Entonces debe pensar el cristiano, que si siguiera tan mal consejo yerraría y perdería toda la gracia y el amor de Dios. Con este pensamiento podrá cumplir todo el bien que alguno haya comenzado.

Y por los dos pies, de amor y de temor, podrá siempre andar de virtud en virtud en este mundo, y después, en el otro, llegar al Dios de los dioses en Sion, donde están los ángeles en aquella gloria de la visión bienaventurada.

Sin embargo, está lo que dice David hablando arriba del tiempo moderno, o presente: "Humillaron sus pies en los hierros o grillos", quiere decir: en ociosidad o pereza, porque comúnmente los grillos tienen dos ojos donde los pies suelen aprisionarse de tal manera, que no puede el hombre andar libre por aquel embarazo o impedimento. Así estos dos pies, amor de Dios y temor del infierno están ya cautivos en la pereza y ociosidad, que, por su impedimento, el alma no puede ir de virtud en virtud. Y tan apartados van de ella los hombres que *apenas se hallará ya de mil, uno que ame a Dios, o tema el infierno, como si nunca hubiese de morir*. Por esto dice David: "El hierro pasa a su alma", que quiere decir, *la obstinación*, porque ningún cristiano se corrige.

¡Oh, cuánta dureza! ¡Oh, cuánta dureza hay ahora en la Iglesia de Dios, y en la cristiandad! Porque ahora aun apenas se saben santiguar, y si lo hacen, no como deben y mal. Y menos saben hacer oración, y confesar muy poco, y tarde y mal. Muy pocos oyen misa y predicación. ¿Comulgar? Ni hay memoria. Los artículos de la fe, muy pocos los saben, y, los que lo saben, los saben mal; y mucho peor los mandamientos de la ley. Muy mal dan sus oblaciones y sacrificios al templo; peor los diezmos. Y mucho peor se inclinan a perdonar sus injurias, ni a restituir lo mal ganado. Están todos llenos de mucha pompa, mentirosos, ladrones, codiciosos, viciosos, avarientos, engañadores y ambiciosos. Los mandamientos de la ley no los guardan. Son blasfemadores; sirven a Dios sin acatamiento, con menosprecio, y sin firmeza. Traen más escándalo que buen fruto.

Los obispos son vanos, pomposos, simoníacos, avarientos, y lujuriosos, los cuales han puesto ya toda su fe en la medida, y cosas terrenas: la cual contrapesan con lo que reciben; donde no hay rentas, de la fe se olvidan, y cuando las tienen menos se acuerdan. No se preocupan de la Iglesia; de aquellos que más les dan, y de aquellos que más les prometen, bien se acuerdan y tienen cuidado. Así están todos corrompidos. Están estos mismos sin caridad, llenos de gula y muy perezosos: que ni celebran, ni aún predican, sino que escandalizan. Los señores temporales están desnudos de caridad, sin misericordia, no piadosos, ni mantienen paz.

Brevemente hablando aquí de los religiosos, hay pocos en este mundo que guarden su regla, ni la conserven como deberían: son muy corruptos y escandalosos; *demuestran la vía y camino de perdición a nuestras almas.*

¿*Los sacerdotes?* ¿Qué hacen ahora? más valen los honores y dignidades, que las buenas costumbres; *porque son hechos muy ignorantes, presuntuosos, insultadores, idiotas, falsos, hipócritas, despreciadores de los que saben.* Están llenos de simonía, muy avarientos, llenos de mucha envidia, y lujuriosos muy disolutos. Están muy endurecidos y *son muy tardíos a la oración*, sin embargo, veloces y muy ligeros para la lujuria. Corren y van ligeros tras el dinero: son crueles y sin misericordia. Continuamente *van cargados de armas pero no llevan los breviarios.*

Son pertinaces y muy habladores, pero no verdaderos. Mucho le aprovecharía a la cristiandad, *si entre cien se hallase uno devoto en los sacerdotes*; y si lo hallaren, deben guardarlo como una joya preciosa y tanto, que no le dejen ser muy visitado, y en especial por las mujeres. Pues ya podemos decir, con dolor, que es verdadera esta profecía que dice: "*Cómo se ha oscurecido ya el oro, y ha mudado ya el color muy bueno: ya se han derrumbado las piedras del Santuario por todas las partes*". Porque la buena vida que es el oro, es ya tan oscura que ni parece oro; ha mudado de color, quiere decir: la santa palabra del Evangelio, la cual siempre pinta las almas nuestras de buenos colores, que son las virtudes; ya el color precioso y bueno, que es sentencia de teología, se ha mudado en colores filosóficos, y aún poéticos, porque los predicadores, salvo algunos pocos, *ya no predican la Biblia.*

Pues ya, prosiguiendo con nuestro tema, se han derrumbado las piedras del santuario; las cuales se toman por los religiosos sabios, y de ciencia, que deben defender mucho las ciudades y la cristiandad con las piedras, quiere decir, con las autoridades de la Sagrada y Santa Escritura. Esto han de hacer, *predicando siempre contra los vicios que mucho se han derramado y extendido* por todas las partes de los señores temporales, para que ganen las dignidades. Porque apenas se hallarán doctores, ni maestros en los monasterios, pero en las cortes de grandes estados, hay confesores de Reyes y Reinas, de Duques y Condes, y otras dignidades. Pues así van todas las piedras del Santuario muy derramadas por las cabezas de dichas partes.

Bien podemos decir aquellas palabras de Jeremías, en el capítulo cuarto: "Somos hechos pupilos sin padre, y nuestras madres son como viudas. El agua nuestra, por dinero la bebemos, y nuestra leña por precio la compramos". "*Pupilos sin padres*", quiere decir, *sin pastor eclesiástico* y "*nuestras almas están hechas sin padres*", porque muy difícil es de hallarles. Pues una mujer que bien quisiere servir a Dios, no hallará entre mil un padre espiritual firme, constante, y verdadero. "*Nuestras madres son viudas*", significa las dignidades de la Iglesia; porque *no hay Obispo que ya se preocupe de las ovejas, que son las almas de su obispado*, ni rector de las almas que, de su rectoría menos se acuerda. Lo peor es que se ausenta y dan vicarías anuales a quienes son ignorantes, y no se duelen si los lobos toman las almas.

Dicen más aún: "*el agua nuestra por dinero la bebemos*". Esta agua es la virtud, o gracia del Espíritu Santo, la cual se da en los sacramentos por los ministros de la Iglesia que son los sacerdotes. *"Se vende por dinero"*, porque no se halla administrador ya, uno de mil, que quiera darla libremente, los cuales no toman por escondido o descubierto precio alguno: y corporalmente, o de pensamiento, *son simoníacos*, de tal manera que se dedican a la avaricia desde el mayor hasta el menor. Así el mundo se halla librado a la negligencia y obstinación al punto que ninguno quiere enmendarse de sus delitos, sino, al revés, cada día se vuelven todos peores en sus maldades. Pues bien, podemos decir ahora que ha atravesado el hierro duro de la obstinación de nuestro pecado todas nuestras almas. Sin embargo, este hierro será humillado y ablandado por muchos golpes de los martillos. Estos golpes o persecución vendrán muy rápido en la cristiandad por Dios: el cual dijo en el salmo LXXIV[10]: "Cuando yo tome el tiempo, juzgaré las justicias". Y así en breve será enviada a nosotros esta ira de Dios, al punto que, si los cristianos supiesen la décima parte de su tribulación, muchos morirían del gran dolor que sentirían. Y así conocerán, forzados, a su Creador.

Pues si bien queremos considerar las cosas dichas, bien podemos decir que *la estatua, que es la Iglesia, desciende desde el oro puro a las piernas de hierro*, en cuyo tiempo estamos ahora, y así diremos: "Ved el estado de la vida espiritual puesto en la ruina y destrucción", que quiere decir, que ha bajado de oro puro en mal hierro, y del ardor de la caridad a la dureza y obstinación, siempre pecando, y no haciendo alguna enmienda.

5) El tiempo del Anticristo

Pues ¿qué nos queda ya de la estatua? Sólo los pies, de los cuales una parte es de barro y otra de hierro. Y esto será el triste tiempo del Anticristo, cuando haya nacido, en el cual gente comenzará a ser de hierro: muy obstinados en los pecados, y más aún de lo que se ha dicho. No se amarán, serán muy duros sin sumisión, y muy ásperos y sin misericordia unos con otros.

---

[10] "Cum accepero tempus, ego iustitias iudicabo" (Sal 74,3).

Serán muy fríos en amar a Dios y prontos en amar al mundo. Si resultan duros hoy para creer en los artículos de la fe católica, ¡oh, cuán duro será aquel hierro de la última parte de la estatua! Me refiero a cuando los cristianos nieguen a Dios y su fe y aparten de sí los tormentos de los tristes cuerpos. Bien será, por cierto, la última parte de todas en la que nacerá el Anticristo y junto con él se contará el fin del número.

La parte de los pies de la estatua *será de lodo, y esto se entiende por la cristiandad, pues serán entonces los hombres carnales: no mantendrán la ley del matrimonio*, ni aún los grados de consanguinidad a deudo. No habrá ayunos, ni abstinencia. Todos serán lujuriosos, llenos de gula, sin ley ni concierto; no se abstendrán de carnalidad sino que serán en ella muy envueltos sin temperancia, avaros, pomposos, sin humildad, llenos de pereza, dados al ocio, sin diligencia de buena salud. De manera que estarán todos los cristianos llenos de hierro y de triste lodo, a diferencia de lo que David pedía a Dios que le guardase, en su oración diciendo: "Líbrame señor del lodo porque no sea inficionado. Líbrame de aquellos que me aborrecieron, y de lo profundo de las aguas". El latín dice en el salmo LXVIII: *"Eripe me de luto: ut non infigar. Libera me ab his qui oderunt me: et de profundis aquarum"*[11].

En aquel tiempo se dará que aquella estatua, será abajada de oro en plata, y así mismo, de grado en grado, hasta llegar al tiempo de hierro duro, el cual será tiempo la tribulación del Anticristo. Entonces podremos muy bien decir: "Ved el estado de la vida espiritual puesto en la ruina y destrucción". Pues en este tiempo quedará nomás por cumplir que venga la piedra del monte, cortada sin manos de hombre, que herirá los pies de la estatua, y la llevará a ser nada.

La dicha piedra es el redentor Cristo Jesús, el cual viene por sí mismo, no enviado por otro hombre, porque Él

---

[11] "Eripe me de luto, ut non infigar; libera me ab iis qui oderunt me, et de profundis aquarum" (Sal 68,15).

está por sobre todo, y *herirá la gran estatua, quiero decir, al mundo*[12] *por la combustión del fuego que lo quemará, y se volverá ceniza porque regresando a los elementos se purgará en un momento, de tal manera que, todo el mundo quedará hecho una muy simple ceniza redonda.*

Esta es la primera parte del sermón, a saber, *de la destrucción y perdimiento de la vida espiritual* y la primera profecía de las tres elegidas por nosotros.

SEGUNDA PARTE: la pérdida y caída de la dignidad eclesiástica

La segunda parte de la profecía de Daniel, la declara el señor san Vicente de esta manera:

Pues digo que muestra la segunda profecía *la caída de la dignidad de la Iglesia, y por ella se abre y manifiesta el misterio del fin de la Iglesia*. Y quien leyere entienda, porque brevemente quiero exponer lo que a mí me fue declarado debajo desde entendimiento y sentencia.

Algunos dicen que el Anticristo se manifestará muy rápidamente al mundo y otros dicen que aún está muy lejos de nosotros y que tardará. Y para comprender mejor acerca de su venida, *es necesario saber que han de venir dos Anticristos, uno después de otro, antes que venga la destrucción por el fuego del fin del mundo. De los cuales uno ha de ser oculto y vendrá primero, y el otro después que será puro.*

El Anticristo oculto vendrá bajo de especie de santidad, el cual ha de tener la vida cristiana por fuera y en su corazón será arraigado el espíritu maligno, el cual inspirará en el que haga muchas maldades en la Iglesia bajo capa de bien. Este no querrá consejo de nadie, sino más bien, todo aquello que le pareciere ejecutará, sea malo o sea

---

[12] Por el contexto, la identificación aquí de la estatua con el mundo no se opone a la que más arriba el santo proponía respecto de la Iglesia y la cristiandad toda.

bueno, por la instigación y consejo del diablo. Engañará a muchos Príncipes y poderosos con su santidad fingida y mala, en tal manera que los llevará a grandes yerros y escándalos. Hará torcer en la ley a muchos varones doctos y sabios, porque el diablo trabajará para que cumpla sus pensamientos, dándole a entender que le viene de parte de Dios; muchos hombres famosos en santidad serán engañados por el diablo, por medio del Anticristo oculto.

Y para que más y mejor podamos entender el yerro de este maldito, según que hemos declarado y se permite aquí decirlo, es conveniente ver lo que se dice en la profecía de Daniel, en el III capítulo, donde explica que Nabucodonosor, mandó hacer una estatua de oro la cual tenía de alto sesenta codos, y de ancho seis, y la mandó poner en un campo grande de la provincia de Babilonia. Después mandó llamar a todos los filósofos, astrólogos, sabios, duques, condes, jueces, varones, y príncipes, para que levantasen e hiciesen público a dicho ídolo, al cual mandó bajo pena de muerte, fuese adorado por todos cuando hiciesen señal las trompetas y otros instrumentos, por lo que todos, sea por fuerza o de buen grado, le adoraron.

Y entre tanta compañía de gente, no se hallaron sino tres varones fieles, y buenos, Sidrac, Misac y Abdénago. Estos tres prefirieron, en cambio, entrar en el horno de fuego, por la lealtad a su Señor, que adorar al ídolo. Por eso bajó el Ángel del cielo que los guardó sin quemar un cabello de su cabeza.

De todo esto el mismo texto de la Biblia lo declara, pero a partir de esta declaración yo aprovecho a expresar lo siguiente: *Nabucodonosor se entiende por el Anticristo oculto, el cual se encontrará en la dignidad papal tan grande(mente), que ninguno fue desde el principio, ni será después hasta el fin del mundo, y será el último en dicha dignidad. No digo yo que será hecho papa, sino, ídolo levantado contra el Papa verdadero. Esta será la cuarta bestia que saldrá del mar.*

Y cuando veáis todo lo dicho, muriendo este Anticristo oculto, vendrá el Anticristo puro, o perverso, del cual se habla en dicho capítulo según abajo diremos, y en esta parte se manifestará un misterio.

Nabucodonosor se interpreta puesto en angustia conocida, pues él angustiará al mundo, atribulando los corazones con este dolor, y será conocido que Dios le matará de mala muerte con su dolor. *Entonces serán conocidas sus malas obras por todo el mundo, y muy aclarada su gran maldad de corazón, y corrompida su santidad muy simulada.*

Pero digo aún que se intitula profetizante la señal de este mundo porque el mundo mismo profetizará su fin; y ¿cuál será esta señal? Ciertamente que no puede decirse que fue la del sol en tiempos del gran Josué, cuando volvió tres líneas a Oriente[13], esto sólo fue señal de la victoria contra los Amalecitas.

Tampoco podemos decir que fue esta señal, cuando en el tiempo del Rey Ezequías volvió tres horas atrás del reloj del tiempo.

Aún el diluvio no fue señal del fin del mundo porque entonces fueron guardados en el arca de Noé hombres y mujeres para multiplicar el mundo. Ni muchas otras señales que se han mostrado en los planetas, no fueron señal del fin del mundo, sino de alguna provincia, príncipe, o reino; o por destrucción, o perdición; por muerte o vida; o por victoria o vanidad.

Pues ¿cuál será la señal del fin del mundo? Ciertamente la serpiente, porque el ángel Lucifer tomó su forma, dejando la señal de la imagen propia, cuando corrompió a nuestra naturaleza humana, así corporal como espiritual; y entonces tuvo su fin: porque si Adán no hubiera pecado, el hombre sería eterno y no hubiese sido expulsado del paraíso poseído, de tal modo que la serpiente fue señal para el hombre, y aún para el mundo. Y aún más, pues la

---

[13] Se refiere a la detención del tiempo (o del sol) narrada en Jos 10,13.

serpiente fue el ídolo, porque nuestros padres Adán y Eva le adoraron cuando le creyeron, haciendo la voluntad del demonio (que estaba dentro de ella), y dejaron a su creador y fueron idólatras.

Por ende se interpreta a Nabucodonosor como señal profetizante de este mundo con su ídolo, el cual fue figura del Anticristo oculto. Pues *se levantará un príncipe, según ya he dicho*, el cual hará un ídolo, el último en la Iglesia de Dios; muerto aquél (el Anticristo oculto) no se levantará otro hasta el fin del mundo en dignidad papal. Y este príncipe será el Anticristo oculto; y la señal será que, el ídolo que él hiciere, traerá por armas una serpiente que tendrá en la boca la señal del mundo. Sin embargo, no serán sus armas como las de la serpiente, que de Lucifer no fue arma suya, sino la imagen de la Trinidad, la cual perdió por su gran soberbia, por querer ser igual a Dios en el cielo.

Así este Príncipe mundano como las armas traerá (una) serpiente, y así digo, la cual nos mostrará el fin del mundo y la destrucción de la naturaleza humana, porque en aquella figura engañó el diablo al mundo. *Pues el dicho Príncipe hará un ídolo, según está dicho, y éste será un papa malo contra Dios, según hizo Nabucodonosor,* y pondrá a aquél en medio del campo de la provincia de Babilonia, que quiere decir *confusión*, como no habrá otra en todo el mundo. Este llegará a todos los filósofos, astrólogos, príncipes, etc., para que proclamen a dicho papa, es decir, para que publiquen sus actos, según que mandó Nabucodonosor hacer de su estatua. Y cuando ya fuere publicado por toda la Iglesia, entonces mandará que se le adore al son de los ruidos y pregoneros, es, a saber, que lo acepten bajo pena de muerte. *Por ende la cristiandad le adorará, algunos de grado, algunos por fuerza*, salvo los tres fieles Sidrac, Misac y Abdénago, *que quiere decir, algunos pocos escogidos.*

Y en esta parte nacen dos cuestiones.

La primera que algunos dicen que esto ya se ha cumplido en aquel ídolo que fue hecho en Pisa[14]: porque a aquél adoraron los de la cristiandad, sacando los tres, Sidrac, que es el reino de Castilla, que son hermosos hombres. Misach, que se entiende por el reino de Escocia, porque estos son varones alegres de cara y Abdénago, que se toma por el reino de Aragón, que son callados, no alegres de cara, antes parecen gente airadas como quien tiene la maldad en el cuerpo, y no la osan manifestar, sino que, con tristeza, callan.

Los cuales tres reinos no adoraron el ídolo hecho en Pisa. Y cuanto a esto digo que se cumplió la profecía, porque entonces no les fue puesta pena de muerte a los que no adoraron, como hizo por Nabucodonosor. Y estas señales fueron por el Anticristo puro.

La segunda cuestión es que, muchos piensan que aquella figura se cumplirá en el Anticristo puro, el cual se hará adorar a sí mismo como a Dios. A esto digo, que no se entiende de tal manera, porque el Anticristo puro no tendrá factores, ni electores, que sean hombres como el ídolo de Nabucodonosor, sino por instigación diabólica se hará adorar como a Dios; y este será tan terrible en gesto y aspecto que viendo aquel, y oyendo su fama, todos los príncipes del mundo le darán obediencia, y le estarán sometidos, porque cuando éste se dé a publicidad en este mundo, no habrá otro monarca mayor; y Dios permitirá, por los pecados del pueblo, que tenga poderío sobre todos los reyes del mundo que existan entonces.

Pero no se entiende esto del Anticristo puro, porque así como el ídolo de Nabucodonosor fue hecho por otro, y tuvo electores, así este ídolo último, *antes del Anticristo*, ha de tener hacedor, que será el príncipe dicho arriba y sus electores que llegan al campo de Babilonia, que es el de la confusión. Porque Dios incitará al príncipe y a la serpiente,

---

[14] Se refiere al anti-papa Alejandro V (Pietro de Candia, Creta, 1340 – Bolonia 1410), elegido "Papa" en 1409 durante el período del Cisma de Occidente.

y quedará el mundo por algunos años confundido y avergonzado, más incluso que lo que hizo aquel otro con los pisanos[15], los cuales anduvieron en la confusión de aquéllos que le habían elevado.

Este ídolo será en alto de sesenta codos, es decir, tantos como el anterior.

Obispos que lo elevarán al papado por la fuerza o de grado, y aún por algunos otros ignorantes, que serán recibidos por la *santidad fingida del dicho Anticristo oculto*. Aún el ídolo dicho será en ancho de siete codos, que quiere decir, siete poderosos príncipes que le darán la obediencia siendo señores en toda la iglesia. Estos estarán en su lugar contra el Papa verdadero. Y si no fuese de esta manera, no se publicaría la pena de muerte a los que no le quisiesen obedecer, porque donde hay verdadero Papa, la fe, y la cristiandad, todo es uno, por ende la pena no es necesaria. Sin embargo, *contra este ídolo malo habrá otro Santo Padre verdadero*, en el cual creerán los cristianos.

Para engañar y apartar a todos los Cristianos de este verdadero Papa, le harán tres engaños, los cuales todos traerán pena de muerte cuando no quieran dar la obediencia al mal contrario.

El primer engaño, será por dentro en el corazón. El segundo, será en el cuerpo. Y el otro a la vida y a las cosas temporales.

Serán apartados todos los corazones del verdadero papa. Esto será por temor. Segundo los cuerpos, por espanto y gran terror. Tercero, por los bienes temporales, pero no gozarán muchos de ellos.

Estos han de ser eclesiásticos, que serán despojados después de sus beneficios, según que diré más adelante. Pues al cabo quedarán de la cristiandad muy pocos que no adoren el dicho ídolo por las muchas persecuciones y tormentos que serán dados por los seis príncipes, y uno será Nabucodonosor, puesto en la silla, y los otros ejecutarán

---

[15] Es decir, mayor confusión que la que hubo con el anti-papa Alejandro V.

primero en la Iglesia contra los obispos, segundo contra los religiosos y sacerdotes, y al cabo contra los legos que son Sidrac, Misac y Abdénago, los cuales no adorarán al ídolo.

Y estos serán entendidos por tres condiciones de personas, según la interpretación arriba dicha, porque Sidrac es interpretado "hermoso", y estos serán los verdaderos religiosos iluminados por Dios para conocer la verdad cierta de la Iglesia, porque *morirán por el Papa bueno, o se apartarán a los desiertos por amor suyo, y donde estarán por tres años*, y aún algo más, sin embargo, no cumplirán el año cuarto.

Misac es interpretado (como) "risa con gozo", y estos serán todos aquellos que permitirá Nuestro Señor con gozo y placer no pelear con el ídolo por la defensión de la Iglesia, los cuales querrían escoger primero el martirio con alegría, que la vida corporal con tristeza.

Abdénago se interpreta como "siervo callado", y estos serán los ignorantes del bien y del mal, como mujeres, y otras personas inocentes, los cuales han de ignorar y no conocer este yerro, por ende el verdadero Papa los dispensará después, y su ignorancia los excusará y dispensará con ello; pues si entendieran el mal engaño, antes escogerían la muerte, que caer en tanto yerro.

Tales serán los siervos callados, como los religiosos antedichos; algunos huirán a los desiertos muy apartados a donde no irá Nabucodonosor, el mal ídolo, y los sacerdotes arriba dichos, con las órdenes religiosas, estarán en el desierto en hábito disimulado, siempre celebrando, aunque no llevarán coronas, ni hábito sacerdotal, ni demostrarán saber aún letras, ni tendrán oratorio, ni siquiera altares. De mañana celebrarán los que tuvieren licencia, porque el Papa verdadero los dispensará para que puedan celebrar en los desiertos, según que de suyo se hará mención en aquella profecía que habla del dispensar. Y cuando hubieren celebrado la misa, esconderán el cáliz y vestimenta, y lo restante que pertenece para celebrar la misa. De tal manera estarán en el desierto que apenas pocos sabrán por entonces de su condición sacerdotal, *y estos serán los siervos callados*.

En aquellos años, *habrá muchos que sufrirán los oficios divinos entre los cismáticos*. Entonces serán también siervos callados, aunque serán librados de los fuegos infernales por el ángel escogido para ellos de antemano, como los tres varones Sidrac, etc.

Pues cuando esto vieren los cristianos, podrán decir con certeza: "Ved el estado de la dignidad eclesiástica puesto en ruina y destrucción". Sin embargo, Dios no querrá aún desamparar a la Iglesia, *porque la nave de san Pedro puede peligrar, pero no puede ser hundida*. Pues *el vano Papa será entronizado, o puesto en silla con el dicho príncipe mayor, de tal manera que no quedará eclesiástico sin despojar de su beneficio. Esto querrá Dios permitir para que sean purgados los hijos de Leví de su maldad, los cuales de su grado y voluntad nunca quisieron hacer enmienda de sus delitos*.

Y para mejor mostrar lo que dice quiero abrir, o declarar dos profecías, las cuales fueron escritas por Ezequiel en el octavo capítulo, donde declara cómo Dios muestra a aquel ídolo hecho en el fin del mundo, contra el verdadero vicario suyo por los idólatras, como por los hombres que acostumbraron con las riquezas y dignidades a colocar a los Papas a su voluntad, como al fin, estos mismos harán otro así tan grande, que antes no fue, ni después será.

Y será todo este mal extendido de la parte de Aquilón, quiere decir Alemania, como se muestra en Jeremías, capítulo primero, por estas palabras: *"Ab Aquilone pendentur omne malum"*[16], etc. Por lo cual, la razón y la ira de Dios allí descenderá sobre *la Iglesia*, que las oraciones de los santos más le provocarán a saña que a misericordia, según se muestra en el siguiente capítulo por estas palabras: *"Cum clamaverint ad me voce magna non*

---

[16] "Et dixit Dominus ad me: Ab aquilone pandetur malum super omnes habitatores terræ" (Jer 1,14).

exaudiam eos"[17] etc., que quiere decir: "cuando llamaren a mí con voz muy grande, no los oiré". En tal manera que cuantos santos en el mundo fueron no podrán deshacer una sola gota de la ira de Dios, hasta que el santuario sea purificado, como se demuestra en el siguiente capítulo de Ezequiel por estas palabras: "*Et clamavit in auribus meis voce magna, dicens: Apropinquaverunt visitationes urbis, et unusquisque vas interfectionis habet in manu. Et ecce sex viri veniebant de via porte que respicit ad Aquilonem*"[18]. Es la sentencia de dicha autoridad: "Y llamo en mis oídos con gran voz, diciendo: llegaron las visitas de la ciudad, y cada cual tenía un vaso de muerte en su mano. Y cada seis varones venían del camino de la puerta de arroba que mira hacia Aquilón". Quiere decir, de la parte de Alemania, porque todos traerán en sus manos el vaso de la muerte.

Dice más aún Ezequiel, que venía en medio de los seis hombres dichos, un varón, vestido de paños blancos de lienzo, el cual tenía un saco de escriba colgado del cinto. Y dice que Dios había mandado a dicho varón que anduviese por la ciudad poniendo el signo de la Tau[19], en medio de las frentes de los que llorasen, sin embargo que, a los llenos de risas y danzas, no lo marcase. Después envió el Señor a dichos seis varones por la ciudad, y mandó matar a cuantos hallasen sin la dicha señal de Tau. Y aún les dijo más: "Comenzad la muerte desde Mi santuario". Cuya profecía es entendida de tal manera: las tribulaciones que ha de enviar Nuestro Señor al fin del mundo han de tener comienzo primero por medio del Anticristo oculto, porque estos seis varones armados que perseguirán la ciudad,

---

[17] "Ergo et ego faciam in furore: non parcet oculus meus, nec miserebor: et cum clamaverint ad aures meas voce magna non exaudiam eos" (Ez 8,18).
[18] "Et clamavit in auribus meis voce magna, dicens: Appropinquaverunt visitationes urbis, et unusquisque vas interfectionis habet in manu sua. Et ecce sex viri veniebant de via portae superioris quae respicit ad Aquilonem" (Ez 1,1-2).
[19] El Tau es el signo de la cruz.

quiere decir la cristiandad, serán los seis Príncipes que tendrán el mando sobre los cristianos, los cuales darán la obediencia al dicho Anticristo. Sin embargo, ahora hice mención de siete Príncipes, cuando dije que la estatua de Nabucodonosor tenía de ancho *siete codos*, porque en ellos había un principal a quien los seis han de obedecer. Y en esta profecía no se hace mención si no de aquellos seis varones que anduvieron por toda la ciudad matando a cuantos no tenían el signo del Tau en medio de las frentes, los cuales tienen que comenzar por el santuario, quiere decir, *por los eclesiásticos*, y no matarán a todos, pero a algunos de ellos sí; a unos en el cuerpo y a otros en el alma.

¡Oh, si supiesen los eclesiásticos que Dios permitirá que sean perseguidos en aquel tiempo, por sus pecados, creo que comerían hiel mezclada con vino!

Como la Iglesia debe ser purgada por el Anticristo oculto, primero ya lo demostró Nuestro Señor Dios, cuando en persona de toda la Iglesia dijo a todos los Apóstoles, según parece por san Mateo: "Vosotros sois sal de la tierra, si esta sal desvaneciere, ¿con qué salarán? para nada vale más, si no para ser hollada de los hombres". *Esta sal necesaria, que las almas conserva, es la doctrina de los eclesiásticos*, que por aquélla conservan las almas del pueblo en las virtudes. Y cuando ésta desvaneciere, o faltare, para nada más vale. Y es necesario que sean despojados de sus beneficios, riquezas, y dignidades que tienen de la Iglesia por los príncipes, pues al estar enlazados por el diablo, ya son lobos rapaces más que pastores, no guardando ni a la Iglesia ni a su ganado.

Por ende es forzoso que sean hallados por los hombres malos que apremien así al clérigo y le sean contrarios, como si fuesen infieles, y perros rabiosos. Y aún los legos estarán contra ellos tan indignados, que pensarán servir a Dios en hacer sacrificio de los sacerdotes. En esta parte, digo que será para los malos purificación y para los buenos aumento de virtud.

Sin embargo, aquí se mueve una cuestión. Si Nuestro Señor permitirá que vengan todas estas tribulaciones solamente por los pecados de la Iglesia. A lo cual digo, que no por cierto, sino también por los delitos del pueblo.

Y para que esto se declare mejor, traigo un ejemplo de una ciudad muy bien aderezada con sus murallas y torres fuertes para su defensa, la cual se levanta y se hace rebelde contra su Rey, al punto que éste le pone sitio poniendo en orden su artillería. Decidme ahora ¿de dónde comienzan a combatir y tirar los tiros o las bombardas? ¿En las torres, o cerca, en el pueblo? Por cierto primero hieren en las torres. ¿Por qué razón se hace esto? ¿Por qué ellas reciben primero los golpes? Digo que los sufren, porque ellas guardan dentro al pueblo rebelde contra su señor. Pues para asaltar la ciudad, es necesario que se derriben primero las torres, y castigar después el pueblo. De la misma manera hará Dios poderoso, bajo la justicia de todo el mundo con el Anticristo oculto, por último, el fuego y el juicio: porque ninguno se querrá enmendar. Y comenzarán de lanzar los tiros y artillería contra los eclesiásticos, que son las trincheras fortificadas de la cristiandad que deben guardarla por la doctrina y los buenos ejemplos. De cuya defensa decía David: "Cércanos Señor con el muro tuyo inexpugnable, y con las armas de tu potencia siempre defiéndenos". Y en latín dice: *"Muro tuo inexpugnabili circuncinge nos, domine"*[20], etc. Las cosas de la Iglesia son torres muy fuertes para pelear contra los enemigos en defensa de la ciudad, es decir, los sacramentos y las prédicas. David dice de estas torres: *"Fiat pax in virtute tua, et abundantia in turribus tuis"*[21]. Es decir, "Sea hecha la paz en tu virtud, y abundancia en tus torres", a saber, en la Iglesia. Pues como el mundo estará en rebeldía contra su Dios, por tal manera se combatirá contra las cercas y las torres eclesiásticas.

---

[20] "Muro tuo inexpugnabili circumcinge nos, Domine, et armis tuæ potentiæ protege nos Semper". Antífona de vísperas del sábado anterior al tercer domingo de noviembre.

[21] "Fiat pax in virtute tua, et abundantia in turribus tuis" (Sal 121 [122],7).

Por esta razón dije arriba, que Dios mandó a los seis varones comenzar primero de su santuario, y esto era por la gran culpa del pueblo, a causa de hacer malos a los obispos y religiosos. Porque los señores temporales, y legos han comenzado por usurpar y tener para sí las rentas y bienes de la Iglesia, siendo avaros. Y por los honores y vanidades de este mundo malo, así comienzan a ser muy contrarios a la Iglesia, y los eclesiásticos también contra ellos con la sentencia de excomunión, pues así dan causa para que la Iglesia esté llena de males, y *la persecución le vendrá por los pecados del pueblo.*

Todo esto será motivo de aumento de virtud y purificación de los vicios para estos eclesiásticos, como se hizo en el martirio de los inocentes que fueron muertos por los pecados de los padres, cuando no quisieron que Nuestra Señora diera a luz al llegar de Nazaret a Belén, por lo que fue necesario que diera a luz al Redentor en un establo, entre animales; fue por ello que Dios permitió entonces que fuesen castigados los padres en sus hijos. Sin embargo, aquella purificación fue pena espiritual en los padres y corporal solo en los hijos, y gloria para las almas.

Respecto de los sacerdotes, la persecución y la pena respecto del pueblo, que no tendrá los sacramentos, ni oirá misas, ni predicaciones por sus pecados. Y para los sacerdotes será un gran dolor y tristeza en cuanto a los cuerpos, sin embargo gloria y descanso para sus almas. Y esto se entiende si, con paciencia, sufren las tribulaciones acusándose a sí mismos.

Nos queda por ver *quién es aquél varón vestido de paños blancos* que tenía un saco de escriba colgado de las cinturas o del cinto, el cual señaló con el signo Tau a cuantos lloraban, y estaban tristes. *Este varón será el verdadero Papa a quien perseguirá el Anticristo; y estará vestido de blanco por dos motivos* pues, por un lado, la blancura significa su vejez, pues será muy anciano, siendo sus cabellos y su carne de ese color. Por otro lo segundo tendrá gran castidad, pues será virgen, ya que el color blanco se compara a esta virtud. Pues así, por ser anciano y casto, estará vestido con telas blancas, y traerá su saco de escriba que significa la potestad eclesiástica, potestad que tendrá dicho Papa y no otro, mientras viviere. El saco de escriba estará colgado de sus cinturas o de su cinto pues esto significa su buena conciencia, al ser elegido como Papa verdadero. Y para que se entienda mejor cómo su saco de escriba significa la potestad eclesiástica, allí, en su zurrón, encierra también cuatro cosas, a saber: las tijeras, el cuchillo el punzón, y las plumas; y en el tintero se ponen dos cosas: algodón y tintas.

Por ende son seis cosas que traen las almas a las seis órdenes de paraíso. Porque primero en medio del saco del escriba, están las tijeras para cortar el papel y cualquier cosa que sea junta y no partida. Estas demuestran la potestad mayor de la Iglesia. Primero, porque libran las almas del infierno con absolución y la indulgencia plenaria de la pena y de la culpa. Y lo segundo, condena y quita la gracia del paraíso con la sentencia de excomunión. Hay más en la caja, puesto que el cuchillo templa muy bien las plumas para escribir, y para que rasgue lo falso y mal escrito, porque se entienda. Este cuchillo demuestra la potestad de la Iglesia en la absolución de los casos: porque en el tiempo que el cristiano hace el pecado, luego lo escribe Dios en el libro de su presencia, según reza el profeta David: "*Imperfectum meum viderunt oculi tui, et in libro tuo omnes scribentur*"[22], que quiere decir: "mis imperfecciones, o pecados vieron tus ojos: y serán escritos todos en tu libro". Pues cuando quiera que se confiesa el pecador, el sacerdote raspa el pecado de aquel libro de la presencia, con el cuchillo de la confesión, es decir, enmienda lo falso con la penitencia que manda hacer mejorando la vida.

Hay más en la caja: un apartado, o casilla donde está el punzón, o aguja para coser y horadar las cartas, y unir los cuadernos en un libro, lo cual demuestra la potestad de la Iglesia, para dar indulgencias, y distribuir de sus

---

[22] "Imperfectum meum viderunt oculi tui, et in libro tuo omnes scribentur" (Sal 138 [139], 16).

tesoros. Las almas atraviesan el purgatorio y lo horadan, porque la casa abierta no se dice cárcel o prisión; y atan a las almas y las colocan arriba, junto a la vivienda de los ángeles, en el libro de la gloria del paraíso.

Dicha caja tiene aún otro aparato que son las plumas, que nos demuestran la potestad de la Iglesia para transmitir, por medio de los verdaderos sacerdotes y sus libros, las ciencias que desde allí impartan al pueblo, es decir, la doctrina. Hay algodón, y tinta en el tintero que cuelga por la caja del saco de escriba; ésta demuestra la potestad recta de la Iglesia en dar beneficios, y obispados donde son creados, mantenidos, y la honran mucho sus prelados y rectores.

Todo esto dicho (el saco de escriba y los vestidos blancos) traerá consigo este verdadero Papa, a quien perseguirán y quien dará la señal de la Tau a todos los que estén tristes y den llantos y gemidos como signo del cautiverio en las almas de los cristianos. Porque este verdadero Papa perdonará incluso a aquellos seis príncipes perseguidores de la iglesia. Pues será este dicho Papa varón muy bueno, que perdonará con dulzura y misericordia.

Pues cuando vieseis las tribulaciones dichas arriba, podréis muy bien decir: "Ved el estado de la vida espiritual puesto en la ruina y destrucción". Sin embargo, este varón muy santo, o Papa blanco, verá la muerte del Anticristo oculto, porque acabada la persecución llamará él a Dios, doliéndose mucho de tanto daño y el mal cometido en la Iglesia, porque allí quedaran entonces tan castigados, flacos, y como muertos, que apenas tendrán espíritu de vida.

Entonces amarán a su creador, que lo habrán conocido, sirviéndole mucho de sano corazón, y castos de cuerpo. Serán despojados de beneficios, quedándoles solo la vida y el vestido. ¡Oh, cuándo llorarán las riquezas perdidas, porque no las dieron por amor de Dios cuando lo tomaban todo en mano!

Pues la segunda profecía ya está aquí declarada, la que trata toda de la caída de la dignidad eclesiástica. Y cuando viereis cumplir su sentencia, se podrá bien decir que está ya muy cerca del fin del mundo. Aquí pues ahora quien tiene ciencia entienda que *no pongo ni determino tiempo alguno, ni aún nombro príncipes, ni el ídolo, ni al verdadero Papa:* empero quien tiene oídos para oír oiga y considere sólo las autoridades; porque a éstas hay que creer y mandan escribir sobre aquel Anticristo oculto que nacerá de la manera que yo arriba he declarado.

TERCERA PARTE: la pérdida de la fe católica

Todo lo escrito fue dicho de parte de Dios a San Vicente Ferrer y más aún le fue demostrado en espíritu. Porque en el año de mil cuatrocientos dieciséis, a los 26 días de Setiembre, hecha su oración vio en su espíritu aquellos seis Príncipes con aquel Papa malo, entrar a caballo en una ciudad por tres veces, muy acompañados de gran familia. Y vio allí mismo cómo aquel Papa malo perseguía a los eclesiásticos. En el año ya cerca del fin, estando allí con sabor del sueño, ya hecha su oración, y demandando siempre a Nuestro Señor le dejase sentir las tribulaciones de la Iglesia, vio dos mujeres muy hermosas en una ciudad dentro de un palacio grande que estaban armadas con toda clase de armas, puestas encima de sus caballos, con sendas lanzas en las manos, batallaban donde todo el pueblo concurría, en cuya visión entendió qué fuese esta batalla y gran contienda, señal de la que será en tiempo de la tribulación entre el verdadero Papa, y el malvado ídolo.

Después aún vio otra visión en la siguiente noche, de esta manera: había una fiesta y el pueblo debía ir hasta la iglesia, y él debía celebrar misa; cuando quiso entrar a decirla, vio que todo el pueblo estaba afuera de la iglesia, en tal manera que había un tumulto que apenas había un hombre que pudiera pasar por él; y en la iglesia había pocas personas, pues mil había fuera por cada uno adentro; y los que estaban afuera no entraban dentro; y los de dentro no salían afuera. Después, llegó a decir la misa, y solicitó la hostia para celebrar, y no fue hallada en toda la iglesia sino una sola: la cual era clara como un espejo y toda entera. Y cuando comenzó a celebrar misa, encomendó a Dios la hostia y el cáliz; y apenas colocó dicha hostia sobre los corporales, saltaron tres mujeres encima del altar y comenzaron a bailar juntas una con otra.

Ante esto el sacerdote quedó muy turbado y comenzó a amenazar a las mujeres para que no hiciesen tal desvergüenza y deshonor sobre el altar, especialmente cuando se estaba celebrando misa. Las cuales, sin temor, se mantenían en el altar, al punto que una de ellas poniendo la mano en los corporales comenzó a bailar y a agitar los paños sagrados despreciando aquel Sacrificio; tomó la hostia y la quebró haciéndola pedazos.

El sacerdote lleno de ira por lo sucedido salió a la puerta de la iglesia revestido como estaba y comenzó a llamar al pueblo de afuera:

- ¡"Justicia, justicia, justicia. Dios omnipotente sea contra los regidores de este pueblo, si no se hiciere justicia de estas cosas que yo les diré"!

A lo que los regidores le respondieron:

- "Decid, ¿qué pasó?".

Y él respondió:

- "Habéis de saber que mientras celebraba, llegaron tres mujeres jóvenes, y bailaron sobre el altar, y revolviendo los corporales, despedazaron la hostia con la cual yo celebraba".

Los regidores entraron en la iglesia buscando a las mujeres que el sacerdote les había dicho y no hallaron más que a una, la cual se encontraba postrada en la tierra, al lado del altar, como si estuviese haciendo su oración; las otras dos habían desaparecido. A dicha mujer los regidores preguntaron que dónde estaban las otras dos, a lo que ella respondió:

- "Ya han salido de la iglesia, y no quedó sino sola esta que veis".

A la cual ellos nada dijeron. Después aún, como el sacerdote quisiese proceder a la misa, solicitó una hostia, y fuéronle dadas cinco todas horadadas, llenas de agujeros, de tal manera que no se podían consagrar. Y como se pusiese triste al no poder realizar el Sacrificio, entonces, llegó uno que le dijo:

- "Yo tengo una hostia del tamaño de una moneda; consagrad aquella, y alzaréis una de las otras que no son sagradas, porque los agujeros, aún los mayores, no se conocerán, ni se verán".

El sacerdote que la misa celebraba respondió:

- "¡Fuera de mi tal yerro, que no conviene llevar a la idolatría al pueblo!".

Y así quedó el sacrificio público.

Este es el misterio que por ahora no quiero abrir, porque los espirituales los entenderán por gracia de Dios hablando estas cosas; porque al fin traen llanto, gemido y tristeza. Sin embargo, bienaventurados sean aquellos que se aparten de las dos mujeres, renunciando de la contienda del altar. De la tercera que quedó en la iglesia, que querría morir, otra cosa declarar no quiero, porque arriba se puede entender.

Y cuando vieres cumplirse lo dicho, podéis decir entonces: "*Ved el estado, etc...*". Entonces ya sólo queda que se cumpla la tercera profecía siguiente de estas dos. Dice Salomón en el capítulo cuarto del Eclesiastés: "*Vidi cunctos viventes qui ambulant sub sole cum adolescente secundo*"[23], etc., es decir: "vi los vivientes que andan debajo del sol con el segundo adolescente". Infinito es el número del pueblo de todos aquellos que fueron antes que él; y los que después verán, no tendrán con él gozo. Arriba donde dice que vio los que andan con el adolescente, se debe entender con el Anticristo puro, según algunos doctores. Empero, el primer adolescente, según algunos doctores, se entiende por el *Anticristo oculto, el cual con su aparente, y fingida santidad, engañará, mostrando riquezas y dignidades*. Y esto se declara en aquella profecía de Daniel

---

[23] "Vidi cunctos viventes qui ambulant sub sole cum adolescente secundo, qui consurget pro eo" (Ec 4,15).

que se sigue la de Nabucodonosor, demostrando la caída de la fe católica.

En esta parte declara mucho san Vicente Ferrer la tercera profecía de Daniel, donde toca la venida del Anticristo puro, y descubierto, que por muchas maneras ha de engañar a los mundanos. Bienaventurado el de pobre corazón que no sea derrotado ante las tribulaciones, porque no renegará de la fe; sin embargo, antes bien, será bienaventurado el varón firme y constante, porque será purgado en las angustias y trabajos, como el oro se purifica y acrisola en el fuego.

Por tanto comienza en la misma profecía: "*Visio capitis mei in cubili meo videbam et ecce arbor in medio terrae et altitudo eius nimia magna arbor et fortis et proceritas eius contingens caelum aspectus illius erat usque ad terminos universae terrae*" (Dan 4, 7-8), etc., es decir: "y allí se declaró la visión de mi cabeza estando en mi cama, yo Nabucodonosor veía un árbol en medio de la tierra grande y fuerte, cuya altura era crecida hasta llegar hasta el cielo, y era extendida hasta los términos de toda la tierra".

Quiere decir, que sus ramas allí sostenían todo el mundo. Dice que estaba lleno de hojas y frutos, en cuyas ramas las aves del cielo se deleitaban. Y después vio venir un santo del cielo que a voces decía: "Corta el árbol por debajo, mas no del todo, para que las raíces queden sobre la tierra". Y llamó a todas las aves y bestias que estaban en el dicho árbol, para que se apartasen aquellas que quisiesen.

El Anticristo puro es entendido por este árbol, el cual por engaños, tormentos, dádivas, y carnales deleites tomará los cristianos del cielo. Quiere decir, que los apartará de la fe católica, la cual trae gloria a nuestras almas.

Los ramos extendidos será una monarquía que mandará por todo el mundo.

Las hojas serán las vanas pompas.

El fruto será la riqueza, y las golosinas.

Por las aves se entienden los hombres vanos, avaros, que serán adherentes a esta bestia debajo de la sombra de la lujuria y ociosidad, y le obedecerán en sus maldades.

El santo que llamó desde el cielo, y manda dejar las raíces del árbol encima de la tierra, es san Miguel, que enviará fuego del cielo, y matará el Anticristo y a todos sus secuaces y los cortará encima de la tierra.

Dice que las raíces quedarán en la tierra; se entiende porque las almas de esta serpiente y enemigo de Dios y de sus secuaces serán condenadas en el infierno.

Las aves y bestias que se apartaron del árbol, serán los pecadores dichos arriba, los cuales en aquellos pocos días que durará el mundo, dejados los vicios y dignidades del Anticristo, harán penitencia, por lo cual Nuestro Señor les tendrá misericordia, y los salvará; empero muy pocos serán los cristianos convertidos después de la tribulación, porque es casi imposible poder recobrar la gracia del Espíritu Santo a quien una vez la pierde. Y esto se entiende de los infieles y heréticos, con propia virtud; que con la ayuda de Dios es cosa muy fácil.

¡Oh, cómo caerá la fe católica en aquel tiempo en la cual muy pocos serán constantes! Pues, cuando vieres las cosas dichas cumplirse, por cierto, entonces, bien podréis decir: "*Ave*"; y ved el estado de la fe puesto en ruina y destrucción; pues entonces digo que no habrá duda del fin del mundo.

Deo gratias.

Segundo sermón: de las engañosas maneras que tendrá el perverso y maldito hijo de perdición, el Anticristo.

Quædam mulier de turba dixit illi
"Una mujer alzó la voz de entre la gente, y dijo: «¡Dichoso el seno que te llevó y los pechos que te criaron!»" (Lc 11,27)

Buena gente, yo tengo que predicar ahora de la venida del Anticristo, y de todas las otras cosas terribles, crueles y fuertes que han de venir a este mundo; y esto para que estemos sobre aviso como cuando sucede al hombre que, viendo venir un dardo, pueda evitarlo y cuidarse de él mejor que el que no lo ve y hacerle menos daño. Y para que mejor estemos prevenidos y nos podamos cubrir de las saetas y dardos que han de venir muy pronto al mundo, yo os quiero avisar, y será materia de grande aviso e iluminación de nuestra vida y salvación y consolación de nuestras almas. Y primeramente, para que podamos recibir gracias de Dios, humildemente, y con gran devoción y reverencia saludemos a la Virgen María, Madre de Dios, diciendo así: "*Ave María…*".

"*Quædam mulier…*".

Buena gente, los grandes males que han de venir al mundo pronto, y muy pronto, serán tres: la *vanidad diabólica del Anticristo* es el primero; el segundo, el *quemamiento corporal del mundo*; y el tercero, *el juicio general de Nuestro Señor Jesucristo*. Y si alguno dice: ¿cómo lo sabéis esto que decís, fraile? Responde el tema: "*Quædam mulier de turba*"[24], que quiere decir: una mujer

---

[24] "Factum est autem, cum hæc diceret: extollens vocem quædam mulier de turba dixit illi: Beatus venter qui te portavit, et ubera quæ suxisti" (Lc 11,27).

de la compañía me lo ha dicho: que es la Sagrada Escritura que concibe y da a luz a los hijos de Dios. Y ahora está embarazada y tiene en el vientre muchos hijos; y esto se entiende dentro del entendimiento literal, que tiene los hijos de los secretos espirituales, y da a luz cuanto veis en las predicaciones.

Porque el predicador es como quien toma los niños y los cría con la leche, esto es en los pastos claros de la Escritura; y el alimento fuerte que se ha de cortar y demostrar a los grandes, son los secretos que están dentro.

Aquí veis cómo es mujer de la cual hablaba Salomón: "*Mulierem fortem quis inveniet? procul et de ultimis finibus pretium ejus*[25]", que quiere decir: "Mujer fuerte ¿quién la hallará? De lejanas tierras, y ¿quién hallará los precios?". Y dice por ella "fuerte", porque es más fuerte y más verdadera que el cielo y la tierra. Ya que dice Jesucristo: "*Coelum et terra transibunt*"[26], etc. (Lc 24), que quiere decir: "El cielo y la tierra pasarán, mas mis palabras no pasarán".

Y dice más; que de los confines muy altos serán los precios. Y por esto que dijo de lejos, que es la infinita distancia que hay entre Dios y los hombres. "*Et de ultimis terrae*"; de modo que primero es el cielo, luego la tierra, después el agua, el aire y después el fuego.

Y es de saber que en el primer cielo está la Luna, y en el segundo, Mercurio; Venus está en el tercero y en el cuarto es donde está el Sol; en el quinto está Marte, y en el sexto está Júpiter; en el séptimo Saturno y el octavo cielo es el de las estrellas; el noveno es cristalino y el décimo es del cielo empíreo, donde están las órdenes de los Ángeles, y las otras cosas secretas. Esto no es vanidad de filosofía, ni de personas, sino de lejanas tierras. Y si decís, ¿cómo sabéis

---

[25] "Mulierem fortem quis inveniet? procul et de ultimis finibus pretium ejus" (Pro 31, 10).
[26] "Caelum et terra transibunt verba autem mea non transient" (Lc 21, 33).

fraile, las cosas que están por venir? Esta mujer, que es la Sagrada Escritura me lo ha dicho.

Y lo que diré acerca del Anticristo y de su venida serán tres cosas: la primera, es el saber qué modo tendrá. La segunda, por qué Dios lo sostendrá. Y la tercera, el tiempo en que será.

Buena gente, esta mujer tan fuerte, y tan verdadera me lo ha dicho: *el Anticristo será hombre natural, concebido, engendrado, y nacido de hombre y mujer*. Mas en el vientre de su madre así será envuelto con el diablo, que todo su corazón se volverá en el mal. Y después de nacido el diablo le pondrá en el entendimiento que *debe ser señor de todo el mundo*, y que se ha de hacer adorar como a Dios; y luego tendrá maneras encubiertas y descubiertas. La primera es que *vendrá en manera de gran santidad*, y con esto engañará a los judíos, y para contentarlos más, mandará edificar una sinagoga y hacerse circuncidar; y tendrá la ley judaica y dirá que es el Mesías; y después tomará por la fuerza o por las buenas a moros y tártaros, y a muchos tipos de personas; y andará así, descubiertamente, al punto que por fuerza de armas conquistará a todos los infieles. Así lo dice el profeta Ezequiel en el capítulo 38: "*Et factus est sermo Domini ad me, dicens: fili hominis, pone faciem tuam contra Gog, in terra Magog, principem capitis Mosoch, et Thubal*"[27], etc., que quiere decir: "Hecha es a mi palabra Dios, diciendo: pon tu cara contra el traidor de Gog, y Magog, que quiere decir, *tectum*, et *detectum* ("cubierto y descubierto"), es decir que, cubierto y descubierto engañará a los judíos y a todos los infieles, y a muchos malos cristianos. Pero los que sean verdaderos siervos de Dios, opondrán una gran resistencia al punto que antes preferirán morir en crueles tormentos, que dar fe a sus falsedades y engaños; su más fuerte batalla será contra los cristianos.

---

[27] "Et factus est sermo Domini ad me, dicens: Fili hominis, pone faciem tuam contra Gog, in terra Magog, principem capitis Mosoch, et Thubal, et vaticinare de eo" (Ez 38, 1-2).

Y como en el Antiguo Testamento es nombrado Gog y Magog, así en el Nuevo Testamento se le llama *Anticristo*, que quiere decir contra Cristo y contra los cristianos. Y por esto dice la escritura: "*Filioli, novissima hora est*[28]" (1 Jn 2) que quiere decir: "Hijos, según habéis oído, ahora es la última hora del mundo". Es a saber, la última edad, de las siete que han de ser. Y es cierto que muy pronto vendrá el Anticristo, por los grandes pecados que hoy hay en los cristianos; y tendrá cuatro maneras de engaño, como son cuatro maneras de personas.

La primera es, de las *personas vanas y mundanas* y contra éstas tendrá manera de pescador.

La segunda *es de los simples* y contra éstos tendrá la manera de engañador.

La tercera es al *de los grandes letrados*, y contra estos tendrá la manera de encantador.

La cuarta es de *los que tienen vida de santidad*, o sirven a Dios, y son de mucha devoción, y contra estos tendrá manera de señor tirano.

Y si decís: ¿cómo lo sabéis fraile? una mujer de la compañía, que es la Sagrada Escritura, me lo ha dicho. La declaración de las susodichas cuatro maneras es ésta:

1. Engaño de las personas mundanas: como el pescador

La primera es que, a las *personas malas y mundanas* que se dan a riquezas y a comidas deleitosas y comen más de lo que deben, y beben, y se dan mucho a vanidades, contra estos tales tendrá el modo de pescador, el cual, según el pescado que quiera pescar, pone diverso alimento en el anzuelo, y el pescado piensa que seguro lo puede comer, y al comer, es agarrado; de manera que a estos dará vianda de muchas riquezas, señoríos, dignidades, y carnalidades. Si

---

[28] "Filioli, novissima hora est: et sicut audistis quia Antichristus venit: et nunc Antichristi multi facti sunt; unde scimus, quia novissima hora est" (1 Jn 2, 18).

me decís: ¿cómo lo sabéis, vos, fraile? Una mujer verdadera, que es la Sagrada Escritura, me lo ha dicho.

La autoridad está aquí: "*Nescit homo finem suum: sed sicut pisces capiuntur hamo, et sicut aves laqueo comprehenduntur, sic capiuntur homines tempore malo, cum eis extemplo supervenerit*[29]" quiere decir, que no sabe el hombre su fin. Aquí hay un secreto. ¡Cuántos hay en el mundo que dicen: "Si yo viese el Anticristo, antes me dejaría despedazar, que seguir su mala ley!" Pero lo mismo decía san Pedro estando a la mesa de Jesucristo: "¡Oh, Señor, contigo estaré, y contigo iré; y si todos te dejaren, yo no te dejaré, sino más bien, antes moriré contigo!". Y cuando fue el momento de la batalla, por una sierva que le preguntó si era discípulo de Jesucristo, dijo con juramento que nunca le había visto ni conocido. De vos digo buena gente, de mí mismo, que tengo mucho que agradecer a Dios según parece.

Así conviene que los que se hallaren en este tiempo sean fuertes para la batalla como leales servidores de Dios; porque como arriba dijimos, así como los peces son tomados con el alimento que el pescador conoce que necesitan, según es la naturaleza del pescado, *de esta manera serán tomados los hombres en el tiempo del Anticristo*, el cual, cuando comience a reinar vendrá súbitamente un gran espanto que todo el mundo lo sentirá. Ahora vengamos a la plática de qué manera será este misterio, y las grandes tribulaciones que han de venir en las gentes. Sobre esto dice la Sagrada Escritura que vendrán los mensajeros del Anticristo con las cuatro viandas para tomar a cada uno de su manera. Los doctores dicen que él no pasará de esta parte del mar, que allá estará en la tierra santa de Jerusalén y que enviará acá sus mensajeros en hábito de personas santas y devotas y muy honestas, como muy santos ermitaños, los cuales comenzarán a predicar.

---

[29] "Nescit homo finem suum: sed sicut pisces capiuntur hamo, et sicut aves laqueo conprehenduntur ,sic capiuntur homines tempore malo, cum eis extemplo supervenerit" (Ec 9, 12).

Buena gente, sabed que el fin del mundo será pronto; y por esto envía Dios mensajeros del Anticristo, para que os dispongáis a cumplir con las siete obras de misericordia: dar limosna los ricos a los pobres. Los cuales mensajeros dirán: "Para que entendáis que nosotros no queremos predicar solo de palabras, sino de hecho y de obra, de los tesoros que Dios ha dado a Su Hijo, verdadero Mesías, para que los parta entre los pobres y gente necesitada, y así os hacemos saber a todos generalmente, así grandes señores que hayan venido en pobreza, como a otras personas de cualquier condición que sean, nosotros partiremos del tesoro y dineros que Dios nos ha dado, y vengan a nuestra posada que allí les daremos cuanto habrán menester". Luego, después que hayan predicado, irán a ellos muchas viudas y dirán una a la otra: "¿No habéis visto cuán altamente ha predicado? Y dice que nos dará el tesoro que Dios ha enviado por su hijo el verdadero Mesías, para remediar a los que son necesitados. ¿Cómo no vamos allá a su posada a recibir de este santo tesoro?". Finalmente irán allá y dirán: "Señor yo soy viuda, y hace tanto tiempo que murió mi marido, y me dejó tantos hijos e hijas, y no los puedo mantener, y menos darlas para casar". Luego el dicho mensajero del malvado Anticristo les dirá: "Veamos: si vuestro marido estuviese vivo, ¿cuánto daríais para casamiento de vuestras hijas?". Y ellas (según su conciencia) dirán, que tanta cantidad de dinero les darían sin duda. Y les dará, si son gente humilde, cien florines para cada una. Y si fueren de gran linaje, les dará mucha cantidad de dinero, y a ellos asimismo, dará otros cien florines, y más, según fuere de linaje. Cuando ellas hayan tomado el dinero, se irán a sus casas y dirán a sus parientas, amigas y vecinas: "Observad aquél santo predicador que tantos dineros me ha dado". Luego irán las otras; asimismo a muchos caballeros, y a los de linaje, dará a cada uno más de diez mil florines, y a cada uno según sea, le dará. Y si tú dices, o preguntas: ¿de dónde saldrá tanta moneda? Te digo que todos cuantos tesoros estarán en el mar y en la tierra, todos los traerán en un punto los diablos; y Dios por nuestros pecados dará lugar a ello.

 Y ahora en este tiempo no permite Dios que den nada los predicadores, ni tienen tal poder, más entonces les dejará hacer. Y si habrá algún hombre que no quiera tomar dineros, dirá su mujer: "Vamos allá marido, y tendremos buena vida con estos dineros que yo tome, y con los que vos tomareis, que tal jornada no la alcanzaremos de aquí a cincuenta años". El marido dirá: "Amiga no quiero yo tomar de tal moneda: que miedo tengo que sea injusta y que haga mal provecho". La mujer dirá: "¿Ahora os queréis hacer el santo? ¿No sabéis que tal persona era pobre, que ahora con esta gente santa que lo han socorrido, es rico, con esta bendita limosna que dan?". De manera que tanto hará y dirá, que el marido le dirá: "Pues tantos ruegos, mujer, me hacéis, vamos que bien sé que han de hacer mal provecho", y así irán a tomar de aquellos dineros, y pensarán ganar, y serán engañados. Y cuando hayan tomado dirán: "Por cierto estos son buenos predicadores, no como los frailes de santo Domingo y de san Francisco que siempre demandaban, y nunca daban nada, sino estos santos predicadores que Dios nos ha enviado, que nos dan con tan buena voluntad; ¡que vivan muchos años!". Pero, dice la Sagrada Escritura, que las gentes no querrán oír predicaciones de ninguno de los sobredichos frailes, sino de los susodichos mensajeros del Anticristo.

 Buena gente, muchos dirán que Dios ha enviado este gran capitán, santo y fuerte: es a saber el falso Anticristo, el cual destruirá los infieles. A todos los hombres que quieran pasar allá, al hombre de armas dará cien florines por mes, y al de lanza ligera cincuenta, y al peón treinta. El que quiera ir allá, hallará las fustas y navíos listos, los cuales serán diablos que tendrán listas muchas naves, navíos y fustas. Entonces dirán todos los hombres de armas: "Tanto tiempo ha pasado que servimos al Rey, y no me ha dado si no tanto y muy poco cada mes". Y dirá: "Quiero ir a servir a estos santos hombres pues dan tanto dinero". Muchos otros dirán: "Yo también quiero ir allá". Y de esta manera alcanzarán a toda la gente de armas consigo, para conquistar la tierra, que no se querrá dar a él. Hará mucha honra a su gente de guerra, diciendo: "Tal caballero ha estado conmigo; dadle gran cantidad de dinero". Los Reyes que entonces estarán en división, los prelados de la iglesia, y señores, porque tendrán miedo que su contrario no le haga de la parte del Anticristo, se harán sus vasallos e irán allá, y así el uno por el otro se irán todos a él, por alcanzar más grandes honras, señoríos, y dignidades de las que tienen por la gran codicia y vanagloria que tendrán dentro de sus corazones.

Cuando ya después el Anticristo sea enseñoreado de tan gran número de gente de armas, quitará del año la Cuaresma, los meses las cuatro témporas, y de la semana el Viernes y el Sábado, y todos los otros ayunos: entonces se descubrirá diciendo: "Vuestro Jesucristo, hijo del carpintero José, había hecho los ayunos porque era muy pobre, e hijo de aquella costurera María". Y aquellos que hayan tomado tantos señoríos, y dignidades, para no perderlas, no osarán responder ni hablar palabra. Y después dirá a los frailes y clérigos que tomen mujeres diciendo que Dios ha hecho al hombre para la mujer, y que cuando Dios dijo: "*Crescite et multiplicamini, et replete terram*[30]" (Gén 1), quiere decir que Dios no ha creado a los hombres para estar ociosos, sino que dijo: "creced, y multiplicad, y henchid la tierra". Y que no evitó de esta ley al clérigo ni al fraile.

Buena gente, y cuántos religiosos caerán en este lazo engañoso, y *dejarán el hábito colgado de la higuera*, y se entregarán a los deleites de la carne, y serán corrompidos, y dejarán su regla. Algunos clérigos viejos dirán llorando: *"¿Por qué este santo hombre no vino cuando yo era mancebo? Mala dicha ha sido la mía que ahora es venido, que yo no puedo hacer nada"*. Y algunas monjas habrá que

---

[30] "Benedixitque illis Deus, et ait: Crescite et multiplicamini, et replete terram, et subjicite eam, et dominamini piscibus maris, et volatilibus cæli, et universis animantibus, quæ moventur super terram" (Gén 1, 28).

dirán: "Oh, en mal punto sea venido, pues yo soy vieja, y no hallaré marido". Y de esta manera y otras muchas será todo el mundo corrompido. Si alguno dice ahora que hay tantos frailes y abades, no les podrán bastar las mujeres. Entonces digo que las tendrán sobradas, porque entonces infinitos diablos tomarán forma y semejanza de mujeres muy hermosas y galanas, como hicieron en el tiempo de Noé, según escribe el maestro de las historias eclesiásticas. Y así cada uno tomará cuantas querrá y quedarán embarazadas y darán a luz a diablos; y los necios pensarán que son sus hijos. Ved aquí el cebo o vianda como toma el pescador de todas maneras de pescado. Que darán grandes dineros y grandes honras y placeres: comiendo y bebiendo muchas viandas preciosas, haciendo muchas carnalidades, y otras grandes maldades, y de esta manera tomarán toda manera de gente.

Si alguno de vosotros dice: ¿cómo lo sabéis, vos, fraile? Dice el tema: una mujer de la compañía me lo ha dicho. Esta es la Sagrada Escritura que dice: "*Multiplicavit gloriam suis et dabit eis potestatem in multis, et terram dividet gratuito*[31]" (Dan 11), que quiere decir que, el maldito Anticristo manifestará y se hará evidente; dará grandes honras a los caballeros, y grandes dignidades a los eclesiásticos, y les dará un gran poder sobre muchas cosas de la tierra, para que así tengan ellos lugar y poder de poner en ejecución todos los pecados y vicios de este mundo: a saber, bien comer y bien beber, y hacer lujurias y carnalidades; y partirá la tierra a su voluntad, y tendrá un gran tesoro.

Contra este peligro que habéis oído yo os quiero dar unas muy buenas armas muy lúcidas y muy finas con que os podáis armar muy fuertemente, si las queréis tomar. Estas armas que os digo que son tan fuertes: es el amor celestial, conviene a saber que *no pongáis vuestro amor en las cosas*

---

[31] "Et faciet ut muniat Maozim cum deo alieno, quem cognovit; et multiplicabit gloriam, et dabit eis potestatem in multis, et terram dividet gratuito" (Da 11, 39).

terrenales de este mundo, y que si tenéis riquezas bien ganadas, servíos de ellas en vuestras necesidades, y que la mejor parte sea de los pobres, teniendo el corazón elevado alto en el cielo, diciendo así: "¡Oh, triste de mí! Por mucho que tengo, debo morir, y me despediré de todos mis bienes y riquezas, de los vicios y engaños, y deleites de este mundo, y con una mortaja seré enterrado, y pasarán la gente por encima de mí". Pero, debes pensar que los placeres y descansos de la persona son como el humo y rocío, que luego se pasa, y debe hombre decir en la tentación: "Señor, no quiero, no quiero creer en tan grande engaño, sino en las cosas celestiales quiero tener mi corazón, mi pensamiento, porque no perezca y pierda mi alma por las sabrosas comidas, bebidas y lujurias, y por otros muchos deleites por no ser semejante a las bestias que yo tengo que dar cuenta el día del juicio, y no ellas". Teniendo así el corazón con Dios, cuando viniere el Anticristo con sus falsos discípulos con sus riquezas, podrá el hombre decir: "Andad en buena hora con vuestros dineros, y vuestras falsas riquezas, y con vuestros placeres y falsedades, que no tengo ninguna gana de ello, si no es servir a mi señor verdadero Jesucristo", y de esta manera salvarán sus almas, estando firmes en la fe y buena vida.

Si decís: ¿cómo lo sabéis vos, fraile? Una mujer me lo ha dicho: esta es la Sagrada Escritura que dice: "*Nolite diligere mundum*[32]" (1 Jn, 2), que quiere decir: "no queráis amar mucho a este mundo", que la persona que le tuviere mucho amor, y quisiere amar sus vanidades con gran ardor, no tendrá caridad, ni será firme, y si lo deja tendrá vida eterna.

2. El engaño de los simples

Bien; después de que el maldito Anticristo haya engañado infinita gente, y no queden sino *los simples* que tendrán el corazón en el cielo, contra estos tendrá la manera

---

[32] "Nolite diligere mundum, neque ea quæ in mundo sunt. Si quis diligit mundum, non est caritas Patris in eo" (1 Jn 2, 15).

de engañador, trayendo todo tipo de sutilezas entre manos. Así lo harán el Anticristo y sus discípulos con estos buenos cristianos, simples y rectos, a los cuales dirá: "¿Qué queréis vosotros? ¿Milagros? ¿Qué cosas maravillosas queréis que yo haga? Porque yo las haré como las hacía Jesucristo. Que yo (dirá él) alumbraré a los ciegos, sanaré a los mancos, resucitaré a los muertos, haré hablar a los mudos, y sanaré a los leprosos: y haré otros muchos milagros, y mis discípulos asimismo"; y todo esto harán en el nombre de Dios, y hacerse nombrar Emanuel, según dice la autoridad de Isaías en el séptimo capítulo: "*Ecce virgo concipiet, et pariet filium, et vocabitur nomen ejus Emmanuel*[33]", que quiere decir: "una virgen concebirá y dará a luz un hijo, y será llamado su nombre Emanuel". *El Anticristo dirá que es hijo de virgen*, y será hijo de la más mala mujer que pueda existir en el mundo. Hará muchos milagros pero no verdaderos, como los hacía Jesucristo, que tocando: luego sanaba todas las enfermedades. Y este maldito engañador *hará milagros aparentes*, que parecerán verdaderos a los ojos de la gente, y serán falsos, porque no tendrá poder para hacerlos verdaderos.

Y ¿cómo lo sabéis fraile? Una mujer de la compañía me lo ha dicho: esta es la Sagrada Escritura que dice: "*Et nunc revelabitur illi iniquus, quem Dominus Jesus interficiet spiritu oris Sui*[34]" (2 Tes, 2), que quiere decir: "se ha de manifestar aquel hijo de perdición, al cual Nuestro Señor Jesucristo matará con el espíritu de su boca". Todas sus obras serán de Satanás, y los milagros y maravillas falsas con que engañará a todo el mundo. Y de los milagros falsos dice san Juan que serán dos principales: el primero es, que hará hablar a las imágenes de los santos, dando a entender

---

[33] "Propter hoc dabit Dominus ipse vobis signum: ecce virgo concipiet, et pariet filium, et vocabitur nomen ejus Emmanuel" (Is 7, 14).
[34] "Et tunc revelabitur ille iniquus, quem Dominus Jesus interficiet spiritu oris Sui, et destruet illustratione adventus Sui eum" (II Tes 2, 8).

a los simples que no querrán creer en sus engaños y falsedades, que dirá verdad. Así dirá a los simples: "Venid acá, decidme, esta imagen que está en la pared, o en este retablo, ¿cómo se llama?". Responderán los simples: "San Pedro". Y él dirá: "¿Queréis que le haga decir la verdad?". Dirán ellos: "Anda que no lo podrás hacer, ni tienes poder para hacer lo que dices". Y luego el discípulo del Anticristo dirá a la imagen: "Yo, discípulo de Dios, te digo y mando que digas luego la verdad, ¿cuál es el verdadero Mesías, el que vino ahora al mundo, o el que creéis tú y los cristianos?". Y luego un diablo moverá los labios de la boca de la imagen y dirá: "Sabed por cierto, cómo yo fui engañado de ese que me habéis nombrado, que me dio a entender a mí, y a muy gran número de cristianos, que era verdadero hijo de Dios, y no era verdad, y he quedado engañado en el limbo de los santos padres hasta ahora por creerle, y así digo en verdad cómo éste, que ha venido ahora nuevamente al mundo, es el verdadero Mesías, el verdadero Hijo de Dios".

Aquí caerán muchos en esta batalla. Y después vendrá alguna devota mujer con su hijo pequeño en brazos, de ocho días de nacido y dirán algunos al discípulo del Anticristo: "Nosotros no creemos que, lo que tú dices, sea verdad". Y dirá el discípulo: "Si yo hago hablar a tu hijo, creerás lo que digo, ¿verdad?". La madre dirá: "No creo que tengas poder para ello". Entonces dirá el discípulo al niño: "Yo te mando de parte de Dios que digas la verdad, aquí, delante de tu madre, si éste que ha venido nuevamente al mundo es el verdadero Mesías, o el que tu madre cree". Hará que un diablo mueva los labios de la boca del niño, y dirá así: "Madre mía, si quieres salvarte, cree en este mesías que nuevamente ahora ha venido, pues verdaderamente este es el verdadero hijo de Dios". De esta manera será cómo la madre del niño y mucha otra gente creerán en este engaño y gran falsedad.

Según dice San Juan (Apoc 13) que harán descender fuego del cielo, y una voz dirá: "¿Cómo, y aún no os habéis convertidos a la verdad?". Muchos dirán: "no es así, ni creemos tal cosa". El discípulo dirá: "Si yo hago descender fuego del cielo para que queme todas estas tierras, ¿no creeréis la verdad que os predico?". Y dirán: "No creemos que tengas un poder tan grande". Luego el discípulo dirá: "Señor Dios, si esto que he predicado es verdad, que este, que nuevamente ha venido al mundo es el verdadero mesías, que descienda fuego que queme todas estas tierras". Y así se hará a la vista de todos. Y dirán algunos: "Esto todo es vano y falso. Haced de los milagros que Jesucristo hacía". Y dirá el discípulo: "¿Qué mandáis que haga?" Muchos dirán: "Que resucitéis a mi padre". Y luego irán a la fosa y sacarán los huesos, y dirá el discípulo. "Yo te mando, fulano, en el nombre de Dios, que si este que ha venido ahora nuevamente al mundo es el verdadero Mesías, que te levantes, y digas la verdad". Entonces vendrán dos diablos, y el uno esconderá los huesos, y el otro tomará la figura del finado, y abrazará a su hijo, y el hijo le dirá después de recibirlo: "¡Oh, padre!, ¿qué debo yo creer de lo que me dice este discípulo, y de los milagros que hace?". Y dirá el diablo y el otro pensará que es su padre: "Bien sabes hijo que morí hace tanto tiempo en la creencia de Jesucristo, y hace tanto tiempo que me he condenado porque creí en él; pero ahora quiero creer en el verdadero Mesías, que ha venido nuevamente al mundo". Aquí podéis creer que caerá mucha gente. Si decís: ¿cómo lo sabéis vos, fraile? Una mujer de la compañía me lo ha dicho: esta es la Sagrada Escritura que dice así: "*Surgent enim pseudochristi, et pseudoprophetæ: et dabunt signa magna, et prodigia*[35]". (Mt 24), que quiere decir: "han de levantarse en aquel tiempo falsos Cristos y falsos profetas, y mostrarán tan grandes milagros, que si hacerse pudiese, los escogidos serían llevados al error".

    Y para estas grandes falsedades, y grandes engaños tan peligrosos, tenemos muy buen remedio si lo queremos

---

[35] "Surgent enim pseudochristi, et pseudoprophetæ: et dabunt signa magna, et prodigia, ita ut in errorem inducantur, si fieri potest, etiam electi" (Mt, 24,24).

tomar. Esto es un casco para la cabeza, el cual es tener su entendimiento en la devoción espiritual y en el nombre de Jesús, y no escucharlos, que Jesucristo cuando subió a los cielos, dijo esta última palabra: *"Signa autem eos qui crediderint, hæc sequentur: in nomine meo dæmonia ejicient*[36]*"* (Mt 26), que quiere decir: "todos aquellos que crean en mi nombre, no serán engañados por los demonios". Y ¿cuál es nombre de tanto poder? *"Vocatum est nomen eius Iesus*[37]*"*. (Lc 2), que quiere decir: "mi nombre, es Jesús". Y todos los otros nombres que ponen son sobrenombres, que no hay ninguno de ellos que sea propio, si no el nombre Jesús. Por esto *poned todo vuestro corazón y devoción en el nombre de Jesús,* porque en este nombre están todas las virtudes que existen en todas las hierbas y piedras, y en todas las cosas del mundo. Autoridad: *"Donavit illi nomen, quod est super omne nomen*[38]*"* (Fil 2), que quiere decir: "este nombre de Jesús está sobre todos los nombres, y sobre todas las cosas", y por esto si algún religioso viniere a vosotros, aunque resucite muertos, no lo creáis, si no lo hace en el nombre de Jesús, y si lo hace en otras maneras echadlo del lugar.

Cuando el Anticristo y sus discípulos hagan los milagros en el nombre de Dios, y de Cristo, *pero no en el nombre de Jesús,* no le creáis, ni pongáis vuestros corazones en tales engaños y falsedades. Para esto, *poned en este nombre de Jesús toda vuestra devoción,* y todo vuestro corazón, y seréis librados, y no os engañarán con sus artes diabólicas, y con sus maldades. Si decís: ¿cómo lo sabéis, vos, fraile? Una mujer de la compañía me lo ha dicho: esta es la Sagrada Escritura que dice en el salmo XXXIX: *"Beatus*

---

[36] "Signa autem eos qui crediderint, hæc sequentur: in nomine meo dæmonia ejicient, linguis loquentur novis" (Mc, 16,17).
[37] "Et postquam consummati sunt dies octo, ut circumcideretur puer, vocatum est nomen ejus Jesus, quod vocatum est ab angelo priusquam in utero conciperetur" (Lc, 2,21).
[38] "Propter quod et Deus exaltavit illum, et donavit illi nomen, quod est super omne nomen" (Fil, 2,9).

vir cujus est nomen Domini spes ejus, et non respexit in vanitates et insanias falsas[39]", que quiere decir: "bienaventurados serán los que tengan toda su esperanza en el nombre del señor Jesús, y no presten atención a las adivinaciones, vanidades, o cosas falsas, sino que pongan firmemente su corazón en el nombre de Jesús".

3. El engaño de los sacerdotes y personas formadas

La tercera manera y batalla será, cuando haya ganado los que dijimos arriba, *engañará a los clérigos*, maestros, grandes sabios, y letrados, y a las personas muy sutiles y entendidas en muchas artes. Contra estos tendrá la manera de encantador. Así como el encantador viene con palabras ordenadas para encantar una cantidad de culebras, que, cuando ha dicho las palabras no se pueden mover, así también sucederá con estos maestros: dirán palabras de gran sabiduría, muy ordenadas, hablando sutil y artísticamente, de manera que cuando hayan hablado el Anticristo y sus discípulos, no podrán los grandes sabios responder a nada. Si decís: ¿quién os lo dijo esto, fraile? Una mujer de la compañía me lo ha dicho. Esta es la Sagrada Escritura, la cual dice: "*Spiritus autem manifeste dicit quia in novissimis temporibus discedent quidam a fide adtendentes spiritibus erroris et doctrinis dæmoniorum*"[40] (1 Tim 4), que quiere decir: "El Espíritu Santo manifiestamente dice, que a los últimos tiempos muchos clérigos, muchos religiosos, personas de grande sabiduría, maestros, y doctores se apartarán de Jesucristo, y creerán cosas falsas".

Ahora vayamos a la exposición. Dice que se juntarán todos los susodichos sabios y grandes doctores,

---

[39] "Beatus vir cujus est nomen Domini spes ejus, et non respexit in vanitates et insanias falsas" (Sal 39,5).
[40] "Spiritus autem manifeste dicit quia in novissimis temporibus discedent quidam a fide adtendentes spiritibus erroris et doctrinis dæmoniorum" (I Tim, 4,1).

maestros en teología y mucha gente honrada, y todos sentados en sus sillas, oirán a los ministros del Anticristo.

Porque vosotros no entendéis ni conocéis, que estáis todos engañados, y vivís falsamente fuera del servicio de Dios; pues todos estamos aquí juntos, nosotros que tenemos que demostrar la verdad por argumentos grandes y verdaderos. De manera que con sus palabras tan sugestivas, sutiles, y tan apuestas, darán a entender que Aquél que ha venido al mundo es el verdadero Mesías; y tanto que sus palabras serán tan aparentes, que a todas las gentes les parecerán ser verdad, y dirán los discípulos por escarnio: "Vosotros que habéis estudiado en Bolonia, en París, en Salamanca, y en muchas otras universidades y sois grandes sabios y letrados, responded ahora". Ellos querrán responder y no podrán decir cosa alguna porque el diablo les tendrá a todos las lenguas. Entonces todas las otras gentes que verán que no responden pensarán que otorgan como dice el dicho: "Quien calla otorga", y pensarán que todo aquello que dijeron los discípulos es verdad. Si alguno pregunta ¿por qué Dios permitirá que les aten las lenguas así los diablos? Sabed que *la causa de ello es que hoy, entre los clérigos y religiosos, y todas las otras gentes tanto como tienen mayor ciencia tienen menos consciencia*, y están llenos de mucha soberbia, y presumen de jugar a cuchilladas, y van a los juegos, y están llenos de todos los vicios de este mundo. Ahora escuchad: si un hombre atase una leona, bien podría atar una oveja. De manera que si el diablo tiene atada un alma de un clérigo, o de cualquier sabio, o de grandes letrados susodichos, que es mayor y más fuerte que cualquier leona, ¿qué maravilla es atar un pedazo de carne que es la lengua? Y por otra razón es, que Dios nos ha dado muchos libros en que estudiemos: esto es, en la Biblia del Antiguo y Nuevo Testamento. Sobre este dice Salomón: "*Verba sapientium sicut stimuli et quasi clavi in altum defixi quæ per magistrorum concilium data sunt a pastore uno; his amplius fili mi ne requiras*"[41] (Ecl 12), que quiere decir: "Mi hijo, no busques cura de más libros, sino de aquellos que son dados por un pastor, y por manos de buenos maestros".

Y ahora estudiáis a un Virgilio, a un Ovidio, a Dante o a filosofías, pero dejáis lo bueno por malo y por esto no podrán responder, porque menosprecian a la Sagrada Escritura que es obra de Dios[42]; y así ellos serán menospreciados porque cuando sea necesario responder, no podrán. Autoridad: *"Et ipse sperneris"*[43] (Is 33), que quiere decir: "Tú serás menospreciado, y no podrás hablar en tiempo de necesidad". Y si algún caballero tuviere algún gran maestro, ha de llamarlo a su estudio, y dirá el caballero: "Ahora decidme, ¿qué he de creer?" El gran doctor dirá que está ocupado, y dirá: "Esperad un poco, y volved a la noche; estudiaré la Biblia", de manera que no podrá dar ninguna razón.

Los discípulos del Anticristo de esta manera cumplirán su voluntad. Autoridad: *"Et faciet iuxta voluntatem suam Rex, et elevabitur, et magnificabitur adversus omnem deum* [44]" (Dan 11), que quiere decir: "Hará aquel Rey malvado según su voluntad; y será magnífico y ensalzado por todas las gentes, y contra Dios hablará con el gran poder que tendrá". Para esto es

---

[41] "Verba sapientium sicut stimuli et quasi clavi in altum defixi quæ per magistrorum concilium data sunt a pastore uno; his amplius fili mi ne requiras faciendi plures libros nullus est finis frequensque meditatio carnis adflictio est" (Ec, 12,11-12).

[42] Este es un reproche al renacimiento paganizante que se venía viviendo en épocas del santo, en regiones de cristiandad.

[43] "Væ qui prædaris: nonne et ipse prædaberis? Et qui spernis: nonne et ipse sperneris? Cum consummaveris deprædationem, deprædaberis: cum fatigatus desiveris contemnere, contemneris" (Is, 33,1)

[44] "Et faciet iuxta voluntatem suam Rex, et elevabitur, et magnificabitur adversus omnem deum et adversus Deum deorum loquetur magnifica, et dirigetur, donec compleatur iracundia perpetrata quipped est definitio" (Da, 11,36).

necesario que os arméis y toméis un escudo creyendo firmemente en la santa fe católica, y que tengáis mucha obediencia a Dios; *y que la fe que tenéis no la tengáis por argumentos, ni por razones, sino por creencia y obediencia*, diciendo: "Mi señor Jesucristo me lo ha dicho por sus santos discípulos que me han predicado, y yo así lo creo". Porque muchos quieren tomar argumentos diciendo: "¿cómo puede ser que Dios venga a la hostia?", y otros muchos argumentos que serían escuchados. Estos tales luego caerán, y serán engañados si toman tales fundamentos, pues por un argumento que tú tengas, tendrán ellos mil. Y si tú quieres vencer toma tu fundamento, creyendo que hay un Dios, Padre, Hijo, y Espíritu Santo; y cuando ellos hayan dado muchos argumentos, dirás: "Id en hora buena, que *mi fe no la tengo por fundamento de argumentos, sino por fe, y creencia verdadera, que a vosotros no os creo de todos vuestros argumentos falsos*". Por esto dice la santa teología: "*Tolle argumentam ubi fides requiritur*", que quiere decir: "Quita el argumento donde está la fe". Y san Gregorio dice, que la fe no tiene merecimiento cuando la razón humana busca experimento. Yo repruebo argumentos contra la fe, mas digo, qué argumentos son buenos para la fe, para dar sentido al entendimiento, y esfuerzo, mas no por fundamentos, ni argumentos, es que se debe el hombre fundar, sino más bien, tomar de ellos consolaciones para el entendimiento; el fundamento se tiene por obediencia diciendo: "*Así me lo dijo mi señor Jesucristo, y no me sacaréis de esta ciencia*". Por esto dice la escritura: "*Fides vestra non sit in sapientia hominum sed in virtute Dei*"[45] (1 Cor 2), que quiere decir: "Vuestra fe no esté en saber de hombre, sino en virtud de Dios".

La cuarta manera, y batalla es después de que las personas vanas sean tomadas por dineros, y las simples por milagros, y los letrados por las disputas.

---

[45] "Ut fides vestra non sit in sapientia hominum sed in virtute Dei" (I Cor, 2,5).

4. El engaño de los que tienen vida de santidad

Veamos ahora, ¿Quién quedará? Solo *las personas perfectas y celestiales*, y contra estos será la batalla que *tendrá a la manera del tirano y falso señor*, que cuando quiere algo de sus vasallos y no se lo quieren dar, se los hace hacer por prisiones y por la fuerza. Y cuando las personas santas de esta manera no quieran creer lo que dijere, les dará grandes tormentos, que, dicen los doctores, no fueron nada los tormentos de los apóstoles y mártires, en comparación de los que dará el Anticristo; ni fue tan gran tormento el de san Bartolomé que fue degollado vivo, porque en un día pasó su pena; ni tampoco fueron nada en comparación los tormentos de san Lorenzo que fue asado porque luego pasaron. Mas los tormentos que dará este maldito Anticristo serán tan crueles, que no hay hombre que los pueda pensar, y de ellos hará durar un año: por ejemplo, dice la Sagrada Escritura que vendrán los mensajeros del Anticristo, y dirán a los buenos y devotos cristianos que estarán firmes en la fe: "¡Venid gente perdida, y de muy poco seso! Parece que vosotros no queréis creer en el verdadero mesías que ahora ha venido al mundo". Responderán los devotos cristianos, y dirán: "No lo creemos, ni es verdad". Entonces los han de poner en cárceles hediondas, y otro día los han de sacar, y con un cuchillo les han de cortar el dedo en la primera juntura, y cortando poco a poco dirán los discípulos: "Decid perdidos ¿en quién creéis?" Dirán los cristianos santos, devotos y firmes en la fe, que creen en Jesucristo, y no harán sino cortar. Y después pondrán allí un ungüento que haga hinchar la mano, y les hará dar gritos hasta el cielo, y los han de volver a la cárcel, y les han de dar sólo pan y agua. De manera que cada día cortarán en su juventud un miembro. Y de esta manera les harán durar estos crueles tormentos que les darán.

Aquí se verá quién esté firme en la batalla y quién sea valiente caballero. Si decís: ¿quién os lo ha dicho, fraile? Una mujer me lo ha dicho. Esta es la Sagrada Escritura, que no puede mentir: "*Erit enim tunc tribulatio magna, qualis* *non fuit ab initio mundi usque modo, neque fiet*⁴⁶" (Mt 24), que quiere decir: "Habrá entonces tan gran tribulación, cual nunca fue desde el principio del mundo hasta ahora, ni será hecha". Que si el tiempo no fuese abreviado, ninguno podría sufrir. Pero Dios lo ha de abreviar que *no durará sino tres años y medio*. Y si decís: ¿cómo lo sabéis vos, fraile? Una mujer de la compañía me lo ha dicho. Esta es la Santa Escritura que dice: *"Per tempus, et tempora, et dimidium temporis*⁴⁷", que quiere decir: "Por un tiempo, y dos tiempos, y medio tiempo". Y quien en este poco tiempo permanezca firme, será bienaventurado. Y si hubiere una mujer devota que no quisiere creer en los dichos del Anticristo, han de darle mucho tesoro. Y si no quiere recibirlo, le tomarán sus hijos, y la amenazarán con matarlos cruelmente. Y si la madre por no ver la muerte de los hijos cree en sus falsos engaños, tanto la madre como ellos se condenarán. Si la madre dice: "yo quiero mucho a mis hijos, pero mucho más quiero a Dios, y a mi alma, y creo firmemente en mi Señor Jesucristo, y no en vosotros, ni en vuestros engaños, ni en vuestro dios". Entonces con un cuchillo le han de tajar a sus hijos delante de sí, y han de despedazarlos. Según dice san Juan en el Apocalipsis en el capítulo III, cuando el falso Anticristo, y sus discípulos y gentes tengan señorío en todo el mundo, darán un pregón en todas las provincias diciendo que no haya hombre ni mujer que ose vender pan ni vino, ni carne ni pescado, ni otras viandas a ninguna persona, si no tiene señal en la frente, y en la mano derecha. Y viniendo alguno de aquellos siervos de Dios para comprar pan u otras cosas, si trajeran la señal le venderán todas las cosas que desee, pero si no, le dirán: "¿Vos creéis en este verdadero mesías, que es hijo de Dios, ahora nuevamente venido en el mundo?" Dirá él:

---

[46] "Erit enim tunc tribulatio magna, qualis non fuit ab initio mundi usque modo, neque fiet" (Mt, 24,21).

[47] "Et datæ sunt mulieri alæ duæ aquilæ magnæ, ut volaret in desertum in locum suum, ubi alitur per tempus, et tempora, et dimidium temporis, a facie serpentis" (Ap, 12,14).

"no os preocupéis de esto, tomad cuanto queráis y dadme pan que me muero de hambre". Y cuando viere al que venda el pan que no es de los de su señor el Anticristo, dará grandes voces, y luego lo tomarán. Y si dice (como fiel cristiano), "¡En mi señor Jesucristo salvador de todo el mundo creo!", han de darle todos aquellos tormentos fuertes y crueles.

En este tiempo no quedará en ninguna ciudad, villa ni lugar, ningún cristiano; todos huirán por los desiertos, y allí pasarán su vida, afuera, e irán descalzos y desnudos, comiendo hierbas y bebiendo agua, llorando, y dando voces al cielo diciendo: "Dios, apiádate de nosotros".

Cuando el Anticristo muera, todas las gentes del mundo se volverán a la fe católica, y a aquellos de los desiertos les predicarán Elías e Enoc. Y entonces todos los moros y los judíos, y los que hayan creído en los engaños del falso Anticristo volverán todos a la fe de Jesucristo. Y para que seamos fuertes en las susodichas tentaciones, conviene en este tiempo armarse fuertemente, especialmente con la fuerte soga de la oración espiritual. Si decís: ¿cómo lo sabéis, vos, fraile? Una mujer de la compañía me lo ha dicho. Esta es la Sagrada Escritura, como dijo Jesús en el último sermón que hizo antes de su pasión, cuando los discípulos le preguntaron del Anticristo, y les dijo: "*Vigilate itaque, omni tempore orantes, ut digni habeamini fugere ista omnia quæ futura sunt, et stare ante Filium hominis*"[48] (Lc 21), que quiere decir: "Si de los males que yo he dicho queréis escapar, velad todo tiempo". Mas no en comer, ni en beber, ni engañar, ni abarcar muchas riquezas, sino velad de oración en oración, y teniendo el entendimiento siempre en Dios, y de esta manera escaparéis, porque cuando venga el hijo de la virgen María a juzgar a aquellos que han renegado su nombre, estarán llenos de pecados, muertos sin arrepentimiento, y sin hacer

---

[48] "Vigilate itaque, omni tempore orantes, ut digni habeamini fugere ista omnia quæ futura sunt, et stare ante Filium hominis" (Lc, 21,36).

penitencia, no lo osarán mirar a la cara. Y los buenos estarán delante de Dios muy alegres, y vuestra buena y devota oración que debéis hacer, principalmente es el *Credo*, el *Pater noster*, y el *Ave María* con el *Gloria Patri*, y esto se debe hacer cada mañana y cada noche, y si lo hiciereis así, y aquel día viniere el Anticristo, no tendrá poder de engañaros, y en la noche menos. Y si él te preguntare qué fe tienes, y tú no sabes el *Credo*, te lo ha de mostrar falso, y así serás engañado. ¿No sería gran vergüenza si preguntasen a un religioso que regla tiene, y que dijese: "no tengo"? Así es la del cristiano que tiene treinta o cuarenta años. Yo por tanto, buena gente, os ruego de parte de Dios que aprendáis el *Credo*, y que lo mostréis unos a otros, para que, cuando el Anticristo os preguntare qué fe tenéis, podáis decir, "esta es mi fe, mi creer"; y en esto diréis el *Credo*, y no os podrá vencer. Ahora, buena gente, gustad la predicación acabada.

Quiera Dios el darnos la gracia de que seamos así firmes y fuertes en buena vida, y en buenas obras, que cuando venga el maldito Anticristo con sus falsos engaños, que nos halle fuertemente armados, que podamos ser vencedores en las fuertes tentaciones, y batalla del falso Anticristo, porque podamos alcanzar la gloria del paraíso: "*quam nobis praestare dignetur dominus noster Jesu Christus. Dei et beatissime semper. Dei et beatissime semper virginis Mariæ filius. Qui cum patre et spiritu sancto vivit et regnat Deus. Per omnia secula seculorum*".

Deo gratias.

Tercer sermón: La causa por la cual sufrirá Dios que venga el Anticristo al mundo

Primeramente dice en la cuarta autoridad de la susodicha predicación que *la gente del Anticristo será tanta como la arena del mar.* Autoridad: *"Quorum numerus est sicut arena maris"*[49] (Apoc 20). Y en otra parte dice: *"Omnis qui viderit mulierem ad concupiscendum eam iam moechatus est eam in corde suo"*[50] (Mt 5), que quiere decir: "Quien mira la mujer con deseo, y codicia de ella, ya ha cometido pecado".

Y como la Iglesia está desnuda, cada Rey y cada caballero toman de ella tanto como pueden. Y sobre esto decía predicando san Vicente Ferrer: "¡Oh rentas, oh heredades, oh lugares de la Iglesia de Dios! ¡Oh los eclesiásticos! Porque nadie amó tanto a su esposa, como Jesucristo ama la Iglesia; y ve que la despojan de sus rentas, y que la azotan cuando tienen a sus ministros, los clérigos, presos. Por esto dice Dios que enviará grandes tribulaciones sobre ellos, cuales nunca fueron del principio del mundo acá. Y por esto dice David en el cap. CIV: *"Non reliquit hominem nocere eis: et corripuit pro eis reges; nolite tangere Christos meos: et in prophetis meis nolite malignari"*[51], que quiere decir, que Dios no ha dejado poder a Rey, ni señor que castigue, ni tome nada a los cristianos ungidos. Ni que toque a los Profetas, que son los clérigos y religiosos. Y por

---

[49] "Et cum consummati fuerint mille anni, solvetur Satanas de carcere suo, et exibit et seducet gentes quæ sunt super quatuor angulos terræ, Gog et Magog, et congregabit eos in prælium, quorum numerus est sicut arena maris" (Ap, 20,7).

[50] "Ego autem dico vobis quoniam omnis qui viderit mulierem ad concupiscendum eam iam moechatus est eam in corde suo" (Mt, 5,28).

[51] "Non reliquit hominem nocere eis: et corripuit pro eis reges; nolite tangere Christos meos: et in prophetis meis nolite malignari" (Sal 104,14-15).

esto enviará Dios al Anticristo. Mas dice en el mismo sermón: Todas las mujeres son criadas por Dios a su semejanza e imagen, y las ha engendrado en el vientre de su época que es la Santa Madre Iglesia. Y por eso ninguno debe dormir con hija, o mujer ajena, ni con esclava, ni con otra cualquier mujer, aunque sea soltera, o pública, porque es traición, y dicen muchos locos confesándose, que no hacen pecados de lujuria; y preguntados si han ido a mujeres erradas, dicen que sí, pero que ellas no tienen marido, ni él mujer, y que lo pagan bien y que no es pecado.

Dime, si cualquier mujer es hija de la época de Jesucristo, que es la Iglesia, ¿no es traición? Verdad es que es más grave el pecado de las casadas, monjas y doncellas, y otras mujeres honestas, pero para cada uno es pecado mortal y traición, salvo el de tu mujer velada. Y guay del casado que va a otra mujer. Y muchos hay, que sabiendo que alguna mujer quiere servir a Dios, van muertos tras ella hasta que le hacen dejar su buen propósito y devoción. Por esto solo merecen que Dios envíe el Anticristo, y las grandes tribulaciones en el mundo. Autoridad: *"Transgressus est Juda, et abominatio facta est in Israel, et in Hierusalem: quia contaminavit Judas sanctificationem Domini, quam dilexit, et habuit filiam dei alieni*[52]*"* (Ml 2), que quiere decir: "Transgresor contra Dios es el pueblo Cristiano que confesó la fe de Jesucristo, y abominación es en Israel, y en Jerusalén". Israel quiere decir en los clérigos, en los cuales hay mucha abominación. Jerusalén quiere decir, que en los legos están todos los vicios, y lujurias, y entre los clérigos y legos todo el mundo es lujuria.

Por esto dice Dios: "Yo destruiré toda manera de gentes, y les enviaré por sus pecados un corregidor que los castigue, el cual será el Anticristo, mas antes de éste enviaré muchas otras persecuciones".

---

[52] "Transgressus est Juda, et abominatio facta est in Israel, et in Hierusalem: quia contaminavit Judas sanctificationem Domini, quam dilexit, et habuit filiam dei alieni" (Mal, 2,11).

Alguno dirá: "Vos decís que el Anticristo vendrá, veamos ¿cómo lo probaréis?" Respondo: "Veis aquí dos autoridades, una del Antiguo Testamento y otra del Nuevo; la del viejo dice así por Ezequiel, cap 38, hablando del Anticristo *"Ecce ego ad te, Gog, principem capitis Mosoch et Thubal"*[53]. No dice Dios, "yo le prometeré que venga", mas dice, "yo le enviaré". Y dice san Pablo en el Nuevo Testamento: *"Ideo mittet illis Deus operationem erroris, ut credant mendacio, ut judicentur omnes, qui non crediderunt veritati, sed consenserunt iniquitati*[54]*"* (2 Tes 2), que quiere decir: "por cuanto los Cristianos no ha tenido caridad, ni tienen verdad, ni han vivido en buena vida". Estos serán los que caerán en tiempo del Anticristo, y serán engañados, y yo por sus pecados lo permitiré y daré lugar. Y por esto como dice, "les enviaré este Anticristo cruel, el cual los castigará dando sus crueles tormentos, e incomprensibles tribulaciones".

En otro sermón de la venida del Anticristo, cuándo será, decía san Vicente Ferrer: *"Ecce dies veniunt, dicit Dominus et ego mittam famem in terram: non famem panis, neque sitim aquae sed audiendi verbum Domini*[55]*"* (Am 7), que quiere decir: "Ved que *vendrán días en que yo enviaré hambre de oír la palabra de Dios"*.

Buena gente, escuchad grandes secretos del tiempo del Anticristo, y del fin del mundo, que todo será en un tiempo, que quien sepa cuándo reinará el Anticristo, de cierto sabrá qué día será el fin del mundo. Y esta fecha declarada por la boca de Dios, que hallamos en la Escritura

---

[53] "Et dices ad eum: Hæc dicit Dominus Deus: Ecce ego ad te, Gog, principem capitis Mosoch et Thubal" (Ez, 38,3).

[54] "Ideo mittet illis Deus operationem erroris, ut credant mendacio, ut judicentur omnes, qui non crediderunt veritati, sed consenserunt iniquitati" (II Tes, 2,11-12).

[55] "Ecce dies veniunt, dicet Dominus, et mittam famem in terram: non famem panis, neque sitim aquæ,sed audiendi verbum Domini" (Am, 8,11).

que *después que el Anticristo haya muerto, el mundo no durará siquiera cuarenta días.* Veis aquí dos autoridades.

La primera es de Daniel cuando el Ángel le reveló que vendría el Anticristo, y que haría grandes males y engaños en el mundo. Y como Daniel tenía gran deseo de saber cuándo sería, rogó mucho al Ángel que se lo dijese por revelación, y el Ángel le respondió y dijo: "*Et a tempore cum ablatum fuerit iuge sacrificium*[56]" (Dn 12). Quiere decir: En el tiempo cuando será quitado del mundo el sacrificio continuo, que no se hará en ciudad, villa, o poblado, por todo el mundo, públicamente, sino en las cuevas y desiertos escondidamente, y muy secreto: la abominación (este es el Anticristo) será puesto en desolación, que reinará, pasarán mil doscientos noventa días, que son tres años y medio; y tanto reinará el falso Anticristo. El ángel después dijo más: que serían mil trescientos treinta y cinco, que son más de la primera vez; y por cuarenta días durará el mundo después de la muerte del Anticristo. Este tiempo dará Dios a la gente para que se pueda convertir. Y dicen doctores que es cierto que aquellos cuarenta y cinco días se deben entender por años, o por días: que la Escritura dice: "*Diem pro anno dedi tibi*[57]" (Ez 4), que quiere decir el ángel "día por año". Algunos quieren decir que se entiende por años, mas no lo digo, porque si el Ángel hubiese dicho que duraría mil doscientos noventa días, y que después dijese: durará cuarenta y cinco días, sería ello: pero agregó otra vez, y dijo "mil trescientos treinta y cinco días"; para esto si los mil doscientos noventa días son días naturales, así mismo son los otros agregados. Otros muchos dicen: "es verdad, pero no sabemos si después de los cuarenta y cinco días, durará aún el mundo". Yo digo que si hubiera de durar más, el

---

[56] "Et a tempore cum ablatum fuerit iuge sacrificium, et posita fuerit abominatio in desolationem, dies mille ducenti nonaginta" (Da, 12,11).

[57] "Et cum compleveris hæc, dormies super latus tuum dexterum secundo: et assumes iniquitatem domus Juda quadraginta diebus: diem pro anno, diem, inquam, pro anno, dedi tibi" (Ez, 4,6).

Ángel lo hubiera dicho, y declarado, pero puesto que no lo ha dicho, tenemos que decir que no durará más de los cuarenta y cinco días después de la muerte del falso Anticristo.

Pero dice la escritura: *"Hæc dicit Dominus Deus: Ecce ego ad te, Gog, principem capitis Mosoch et Thubal*[58]. *In novissimis diebus eris: et adducam te super terram meam"*[59] (Ez 38), que quiere decir: Gog es el Anticristo, y dice Dios: Ved que yo soy suficiente y te puedo destruir, que eres cabeza de Mosoch, que quiere decir prisión, y cabeza es Lucifer; y dice más: que en el último año del mundo vendrá el Anticristo. Y pues dice "en último año" como señal de que, de allí en adelante no habrá más tiempo, y dice Dios: yo te traeré sobre mi tierra. Ved aquí declarado, *cómo el fin del mundo y el Anticristo todo será un año.*

Aquí os diré tres conclusiones del tiempo que reinará.

La primera es que el tiempo del Anticristo, y del fin del mundo antes de su nacimiento, será escondido generalmente.

La segunda conclusión es que cien años han pasado desde que el Anticristo debía venir y el mundo acabarse.

La tercera conclusión es que el tiempo del Anticristo y el del fin del mundo será pronto, y así estad avisados.

La primera conclusión es sobre al tiempo del Anticristo y del fin del mundo

El nacimiento del Anticristo a todas las gentes del mundo será escondido generalmente. Esto está fundado como dos cumbres, mucho más fuerte que el cielo y tierra: porque dice la Escritura que no puede mentir: *"Cælum et*

---

[58] "Et dices ad eum: Hæc dicit Dominus Deus: Ecce ego ad te, Gog, principem capitis Mosoch et Thubal" (Ez, 38,3).

[59] "Et ascendes super populum meum Israhel quasi nubes ut operias terram in novissimis diebus eris et adducam te super terram meam ut sciant gentes me cum sanctificatus fuero in te in oculis eorum o Gog" (Ez, 38,16).

terram transibunt,verba autem mea non transient" (Lc 21). Quiere decir: "El cielo y la tierra pasarán, y mis palabras no pasarán". Ved aquí los dos fundamentos.

El primero es del Evangelista san Mateo, en el capítulo 24. El segundo es del evangelio de san Marcos en el capítulo 13, los cuales dicen que antes de la pasión de Jesucristo, él mismo hizo una predicación, hablando del Anticristo y del fin del mundo. Los discípulos deseando saber del susodicho tiempo cuándo sería, dijeron: *"Dic nobis, quando hæc erunt? et quod signum adventus tui, et consummationis sæculi?*[60]*",* que quiere decir: "Señor, pues no decís que tan pronto tenéis que partir de nosotros, dadnos alguna consolación". Jesucristo les preguntó qué querían. Ellos dijeron: "que nos digas cuándo serán estas cosas que, Tú Señor, has predicado del Anticristo y del fin del mundo, y que nos des alguna señal". Jesucristo les dijo: *"De die autem illa, et hora nemo scit, neque Angeli cælorum"*[61] (Mt 24), que quiere decir: "Vosotros me preguntáis de aquel día y hora: os digo por verdad, que ni los Ángeles, ni los Profetas lo saben, ni el Hijo de la Virgen María lo sabe, sino sólo el Padre".

Por esta autoridad caen muchos en error, por no saber entender; porque como dice que no lo sabe ni el Hijo, ni el Espíritu Santo, sino sólo el Padre.

Buena gente, yo digo que tres son una esencia, y según dice una regla de teología veréis la declaración: *"In divinis dictio exclusiva addita termino, etc.",* que quiere decir: *"diction exclusiva",* esto es cuando el hombre dice solamente término personal, si el predicado es nocional excluye las otras personas. Mas cuando dice "el Padre lo sabe", no es echado fuera el Hijo, ni el Espíritu Santo. Ya dice san Juan: *"Hæc est autem vita æterna: ut cognoscant*

---

[60] "Sedente autem eo super montem Oliveti, accesserunt ad eum discipuli secreto, dicentes: Dic nobis, quando hæc erunt? et quod signum adventus tui, et consummationis sæculi?" (Mt, 24,3)
[61] "De die autem illa, et hora nemo scit, neque Angeli cælorum, nisi solus Pater" (Mt, 24,36).

te, solum Deum verum, et quem misisti Jesum Christum[62]" (Jn 17), que quiere decir: "Esta es vida eterna, que te conozcan a ti que sólo eres Dios". Así no se excluye el Hijo, ni el Espíritu Santo, porque el predicado, que es Dios, es esencial. Mas si yo dijese: "sólo el Padre engendrará", no se entenderá el Hijo, ni el Espíritu Santo, mas sólo el Padre, y por esto *saber* es término esencial. Y así cuando dice: "sólo el Padre lo sabe", no es echado fuera el Hijo, ni el Espíritu Santo, antes bien, así como son totalmente los tres un solo Dios, todos tienen una esencia, y completamente los tres saben el fin del mundo y el tiempo del Anticristo.

Otros dicen que el Hijo en cuanto hombre no lo sabe, y es un error, pues tanta ciencia le fue dada al alma de Cristo, que cuando fue creado tuvo tan gran saber como el Padre en el primer estado.

Buena gente, la ciencia de Dios es en dos maneras: ciencia de visión y ciencia de simple inteligencia. Y la primera respecto de la ciencia que tiene de cuantas cosas fueron hechas, son y serán. Mas la de la simple inteligencia es de cuanto Dios podría hacer, y de aquella inteligencia no fue llena el alma de Jesucristo. Mas cuanto a la primera ciencia de visión, debemos decir que *Jesucristo, y su alma sabían en cuanto hombre el fin del mundo, y el tiempo del Anticristo*. Por esto decía una regla: "*Sermones inquirendi sunt iuxta materiam*[63]" (*Etica* l. 1), que quiere decir: Las palabras se han de buscar según la materia sobre la que el hombre habla. Y por esto los Apóstoles preguntaban a Jesucristo, que les declarase lo que había de venir, cuándo sería. Por esto les dijo Jesucristo, que no lo sabía el Hijo para decirlo a ellos. Así como si un confesor oyese a alguno que confesase algún crimen, y que el Rey por fuerza hiciese jurar al confesor, si aquél que había confesado había hecho aquel crimen. Aquí dicen los teólogos que verdaderamente

---

[62] "Hæc est autem vita æterna: ut cognoscant te, solum Deum verum, et quem misisti Jesum Christum" (Jn, 17,3).
[63] Aristotle, Ethics 1.3.1094b27: "Sermones inquirendi sunt secundum materiam de qua sunt".

no lo sabe para decirlo a él. Por esto dijo Jesucristo: "¿Qué me preguntáis del susodicho tiempo, que no lo saben los Ángeles, ni aún el hijo de la Virgen para decirlo a vosotros?" y así la conclusión es clara que el tiempo del Anticristo, ni el fin del mundo antes del nacimiento del Anticristo, que a todas las personas será escondido generalmente. Y otro fundamento de la cumbre, o peña más fuerte que el cielo y tierra, es a saber, cuando fue el día de la Ascensión que nuestro Redentor Jesucristo había de subir a los cielos, y estaban allí con él la Santísima Virgen María, su madre, y sus bienaventurados Apóstoles y discípulos. Los Apóstoles dijeron entre sí: Veamos, antes de la pasión no nos quiso declarar: por ventura ahora que está aquí Su Madre, pues que se aparte de nosotros y veamos se anima bien decírnoslo. *"Igitur qui convenerant, interrogabant eum, dicentes: Domine, si in tempore hoc restitues regnum Israel?"*[64] (Hch 1), que quiere decir: Señor una gran petición y merced te demandamos, en este año, o de aquí a cien años, o de aquí a mil si debes volver. Y que nos digas cuándo será el fin del mundo, y el tiempo del Anticristo. Jesucristo respondió y dijo: *"Non est vestrum nosse tempora vel momenta, quæ Pater posuit in sua potestate"*[65], que quiere decir: "No es vuestro de saber los tiempos, ni momentos que el Padre ha puesto en su poder".

Aquí hay secreto buena gente, ¿Por qué dice "no es vuestro", o "no pertenece a vosotros"? Señor, pues, ¿A quién pertenece? Responde: *"A los que han de encontrarse en la batalla"*. Porque mil y tantos años han pasado que fue hecha la pregunta que hicieron los Apóstoles, y ellos no habían de encontrarse en la batalla. Mas a aquellos que se han de ver en ella, pertenece de saber por simples que sean. Y más, que si una gran batalla se hiciese en Francia, no pertenecería de saber lo que fuese menester en ella a los que

---

[64] "Igitur qui convenerant, interrogabant eum, dicentes : Domine, si in tempore hoc restitues regnum Israel?" (He, 1,6).
[65] "Dixit autem eis: Non est vestrum nosse tempora vel momenta, quæ Pater posuit in sua potestate" (He, 1,7).

están acá por sabios que sean, mas pertenece saberlo a aquellos que están allá por simples que sean, porque se han de ver en la batalla. Y porque los Apóstoles no se habían de ver en el dicho tiempo, no les pertenecía saber cuándo sería. Por esto les dijo Jesucristo: "*Non est vestrum*[66]", etc. *Mas cuando esté cerca el tiempo del Anticristo a muchos será declarado este misterio, porque cuando será nacido, es de mucha necesidad que sea sabido y declarado a las gentes simples y a los siervos de Dios*; y no estará secreto porque sería gran confusión, y gran peligro para los siervos de Dios, para que tengan tiempo de estar apercibidos, y de armar sus corazones con la fortaleza de la santa Fe católica, y con las armas de Jesucristo, y de la Santa Madre Iglesia. Por esto es necesario que antes de que ocurra este tiempo que alguno les predique por esto me ha enviado Dios a mí, para que os avisare para que estéis armados, que nuestro enemigo no os encuentre sin armas, ni os puede vencer con sus engaños. Por esto pertenece saber cuándo nacerá. Y por esta razón la Sagrada Escritura, y la conclusión dice del tiempo del Anticristo, y del fin del mundo, que antes del nacimiento del Anticristo estaba escondido a todas las gentes, pero que su nacimiento será manifiesto a muchos.

Ahora de esta conclusión podemos sacar dos falsas opiniones. La primera opinión falsa y errónea es de algunos que leen la Biblia, y dicen que tanto tiempo ha de pasar de la Encarnación de Jesucristo hasta el fin del mundo, como del principio del mundo hasta el nacimiento de Jesucristo, y fundan su fe por esta autoridad que dice: "*Domine, opus tuum, in medio annorum vivifica illud; in medio annorum notum facies: cum iratus fueris, misericordiæ recordaberis*"[67] (Ha 3) que quiere decir: "Señor, tu obra en medio de los años vivifícala, que mortificada está por

---

[66] "Dixit autem eis: Non est vestrum nosse tempora vel momenta, quæ Pater posuit in sua potestate" (He, 1,7).
[67] "Domine, audivi auditionem tuam, et timui. Domine, opus tuum, in medio annorum vivifica illud; in medio annorum notum facies: cum iratus fueris, misericordiæ recordaberis" (Hab, 3,2).

pecado". Mostrando que cinco mil años habían de pasar desde la encarnación de Jesucristo hasta el fin del mundo. Estaría esto contra el Evangelio, pues parecería que el secreto no sólo lo sabía Dios, sino también los Profetas y los Ángeles.

Buena gente, yo hallo en la Sagrada Escritura qué medio se toma por igualdad, y también por interposición. Porque dice David en el salmo LXXIII: *"Deus autem Rex noster ante sæcula, operatus est salutem in medio terræ"*[68], que quiere decir: "Dios nuestro Rey, antes de los siglos, ha obrado nuestra elevación en medio de la tierra". Y dice que allá, donde fue crucificado es en medio de toda la tierra habitable. Por esto decía Ezequiel: *"Hæc dicit Dominus Deus: Ista est Jerusalem, in medio gentium posui eam, et in circuitu ejus terras"*[69]. (Ez 5), que quiere decir: "Esta es Jerusalén, en medio de las gentes yo la he asentado, y las tierras alrededor de ella". Buena gente nosotros decimos que Jesucristo resucitó en el alba, y por esto veis aquí la autoridad: *"Aurora lucis rutilat"*[70], que quiere decir: "Cuando el alba apuntaba, entonces resucitó Jesucristo". David dice esto mismo, que a medianoche resucitó, según dice en el salmo CXVIII, que comienza: *"Beati immaculati in via"*[71]; donde dice: *"Media nocte surgebam ad confitendum tibi"*[72], que quiere decir: "A media noche me levantaba de la muerte, a alabar tu nombre". Y por ende, este medio es por interposición, esto es del alba. Así que la profecía no se puede tomar por igualdad, sino por interposición de tiempo. Y esto mismo porque Adán pecó, por lo que así como el

---

[68] "Deus autem Rex noster ante sæcula, operatus est salutem in medio terræ" (Sal 73,12).
[69] "Hæc dicit Dominus Deus: Ista est Jerusalem, in medio gentium posui eam, et in circuitu ejus terras" (Ez, 5,5).
[70] "Aurora lucis rutilat", primer verso del anónimo Hymnus Pachalis. Himno pascual ambrosiano que data de los siglos IV-V.
[71] "Alleluja. Aleph: Beati immaculati in via, qui ambulant in lege Domini" (Sal 118,1).
[72] "Media nocte surgebam ad confitendum tibi, super iudicia iustificationis tuæ" (Sal 118,62).

pecado fue al comienzo del mundo, cuidábase que fuese la redención al fin del mundo. Y por esto decía Adán: "No tardes, señor, tanto, no más, en medio de los años, envíanos la reparación". Y no decía medio por igual, mas medio por interposición. Buena gente, el Profeta bien dice que "en medio de los años", no del mundo, sino en medio de los años del hombre. Cuánta era entonces la vida del hombre, dijo el Profeta en el salmo LXXXIV: "*Dies annorum nostrorum, in ipsis septuaginta anni*"[73], que quiere decir que desde David a Jesucristo pasaron mil años, y muestra que la vida del hombre era sesenta y seis años, y el medio de ellos son treinta y tres años, los cuales tenía Nuestro Señor Jesucristo cuando por nosotros pecadores tomó muerte y pasión.

No quiso morir al comienzo de su vida por manos del malvado Rey Herodes cuando pasaba tantos peligros, mas quiso morir *en medio de sus días*. Esto porque en medio de los años de Jesucristo había de dar salvación. Ezequías dijo: "*Ego dixi: in dimidio dierum meorum, vadam ad portas inferi; quæsivi residuum annorum meorum*"[74] (Is 38), que quiere decir: "Yo dije que en la mitad de mis años iré a las puertas del infierno". Esto fue cuando Jesucristo en el medio de sus años murió en la cruz, y fue a los infiernos, y sacó las almas de los santos padres y de los otros santos que habían creído en su santo advenimiento. Así parece claramente que la opinión que debía morir en el medio de los años del mundo es falsa y mala, que no se puede entender, si no en medio de los años de Jesucristo.

La segunda opinión errónea y falsa es, que dicen algunos que tantos años habían de pasar de la pasión de Jesucristo hasta el fin del mundo, como hay versos en el salterio, y dice que el primer verso que comienza: "*Beatus

---

[73] "Dies annorum nostrorum, in ipsis septuaginta anni, si autem in potentatibus octoginta anni, et amplius eorum labor et dolor, quoniam supervenit mansuetudo, et corripiemur" (Sal 89,10).
[74] "Ego dixi: in dimidio dierum meorum, vadam ad portas inferi; quæsivi residuum annorum meorum" (Is, 38,10).

vir", que es el verso del primer año, y que cada verso es profecía de los que ha de venir, y ha de ser en aquel año, y que ahora estamos en el salmo LXXX que dice: "*Audi, populus meus, et contestabor te. Israel, si audieris me*"[75], etc. Que son ahora mil cuatrocientos once, y que quedan para que se cumpla todo el salterio y hasta el fin del mundo, mil doscientos cuatro. Es gran error. Los Ángeles, y los Apóstoles, y David bien sabían cuántos versos había en el salterio, mas no les era dado a saber cuánto había de durar el mundo, y vendría contra el santo Evangelio, que dice que no lo sabía sino el Padre. Y por esto parece claramente que la razón es cierta, que la venida del Anticristo y el fin del mundo, que será escondida a todas las gentes generalmente. Y porque lo entendáis mejor, ved qué dice el Evangelio: "*Illud autem scitote, quoniam si sciret paterfamilias qua hora fur venturus esset, vigilaret utique, et non sineret perfodi domum suam. Ideo et vos estote parati: quia qua nescitis hora Filius hominis venturus est*"[76]. (Mt 24; Lc 21), que quiere decir: "Si un caballero tiene algún castillo muy rico lleno de tesoro, y sabe que sus enemigos se lo han de escalar, y que seguro han de venir de aquí a tanto tiempo, no se cuida de velar hasta el tiempo que han de venir sus enemigos, sino que, si no sabe cuándo han de venir, tiene mucha razón que cada día, y cada noche, vele". Por esto Jesucristo no nos quiso decir cuándo, ni en qué día con certeza. Porque si nosotros supiésemos que será tal día, diríamos que para ese tiempo nos volveríamos a Dios, y sería gran yerro; y por esto Jesucristo, para que nosotros estuviésemos velando cada día, y cada noche, y cada año, y todos los tiempos; y que nos quitásemos de los engaños, y vanidades de este mundo, y estuviésemos preparados, no

---

[75] "Audi, populus meus, et contestabor te. Israel, si audieris me" (Sal 80,9).
[76] "Illud autem scitote, quoniam si sciret paterfamilias qua hora fur venturus esset, vigilaret utique, et non sineret perfodi domum suam. Ideo et vos estote parati: quia qua nescitis hora Filius hominis venturus est" (Mt, 24,43-44).

nos quiso decir el tiempo cuándo sería. Y así mismo no lo quiso declarar, porque si tenemos que casar, tendremos que comprar grandes heredades. Y si tenéis hijos que todavía estéis velando y pensando, y diciendo, no sé cuándo será el fin del mundo. Por esto decía san Pablo: "*Reliquum est, ut et qui habent uxores, tamquam non habentes sint; et qui flent, tamquam non flentes; et qui gaudent, tamquam non gaudentes; et qui emunt, tamquam non possidentes; et qui utuntur hoc mundo, tamquam non utantur; præterit enim figura hujus mundi*"[77] (1 Cor 7), que quiere decir: "Hermanos os digo que el tiempo es muy breve, y por esto aquellos que tienen mujer no la deben amar mucho, ni la mujer al marido, ni debéis amar mucho las riquezas, porque el fin del mundo ha de ser muy pronto, y no sabemos cuándo".

La segunda conclusión es que digo así, que cien años, y más han pasado desde que el Anticristo debía haber venido, y que el mundo debía tener fin. Veamos ahora de dónde sale esta conclusión: sale de las autoridades de la historia de la Iglesia. Y entre otras hallaréis en la vida del glorioso padre nuestro santo Domingo, y san Francisco que en aquel tiempo fueron a Roma para obtener del Papa la confirmación de sus órdenes, para que pudiesen predicar la palabra de Dios, y las cosas de la Sagrada Escritura. Y de esto suplicaron al papa, el cual estaba pensando que aquello que le demandaban era cosa tan alta que no bastaría a comprender entendimiento humano. Autoridad: "*Ascendunt usque ad cælos, et descendunt usque ad abyssos: anima eorum in malis tabescebat*"[78] (Sal 106), que

---

[77] "Hoc itaque dico, fratres! Tempus breve est; reliquum est, ut et qui habent uxores, tamquam non habentes sint; et qui flent, tamquam non flentes; et qui gaudent, tamquam non gaudentes; et qui emunt, tamquam non possidentes; et qui utuntur hoc mundo, tamquam non utantur; præterit enim figura hujus mundi" (I Cor, 7,29-31).

[78] "Ascendunt usque ad cælos, et descendunt usque ad abyssos: anima eorum in malis tabescebat" (Sal 106,26).

quiere decir que estas dos órdenes religiosas suben hasta los cielos en dignidad, y descienden a los abismos en pobreza. La mayor gloria de la Iglesia es de predicar, mas no deberían tener este oficio tan alto sino grandes Prelados y Obispos. Y como santo Domingo, y san Francisco deseasen mucho alcanzar tan alto oficio, demandaron la merced. El Papa que vio que pedían tan gran cosa y tan alto oficio, dignidad, y poder, que subía al cielo en dignidad, y bajaba a los abismos en pobreza demandando limosna, tenía gran duda de aprobarles las órdenes religiosas. Y así como santo Domingo estaba en una iglesia, y san Francisco en otra, rogando a Dios que pusiese en el corazón al Papa que les confirmase la orden y licencia para predicar. Estando en esta ocasión, súbitamente vieron a Jesucristo que descendía en el aire. Y esto vieron santo Domingo y san Francisco, y otras seis personas devotas. Y lo veían venir con tres lanzas en la mano esgrimiéndolas contra el mundo. Y luego vieron venir a Nuestra Señora, la Virgen María tras Él con gran prisa que, echándose los pies de Jesucristo decía: "¡Oh, mi hijo bendito, vos que sufriste tan gruesos clavos en las manos y en los pies por salvar el mundo; ahora hijo mío veo que tenéis lanzas en las manos para destruirlo! Os ruego muy encarecidamente, mi Hijo bendito, que perdonéis por ahora a los pecadores, y que no lo hagáis ahora, que ellos se emendarán".

Dijo Jesucristo: "¿Madre mía, qué haré? Yo les envié Apóstoles, Patriarcas y Profetas que les predicasen que se enmendasen, y nunca se han enmendado, más bien son peores que nunca". La Virgen María dijo: "Oh, mi hijo yo a vos vuelvo a rogar que los esperéis un poco". Respondió Jesucristo: "Me parece, Madre mía muy amada, que la justicia ha de terminar. Vos sabéis Madre mía que por ellos yo soy humillado hasta la muerte, y ellos, cada día más crecen en soberbia y en otros pecados. Vos sabéis Madre mía, que yo fui pobre, y ellos ricos, muy avaros y mezquinos. Vos sabéis Madre mía que yo me quise encarnar en vuestro vientre virginal por amor a ellos, y por darles ejemplo que fuesen vírgenes y castos, y ahora veo que todos son corruptos y lujuriosos. Vos sabéis Madre mía cuánta caridad he guardado yo, y ellos tienen mucha envidia. Vos sabéis Madre mía cuánta abstinencia yo he tenido, y ellos tienen mucha gula. Vos sabéis Madre mía cuánta paciencia yo he tenido, y ellos tienen mucha ira. Así Madre mía dejadme que yo quiero hacer justicia con ellos". Dijo la virgen María: "Oh, mi hijo acordaos que os tuve nueve meses en mi virginal vientre, y que os envolví con estas manos mías, y os crié con estos virginales pechos con mi leche. Bien sabéis vos, hijo mío muy amado, que nunca me dijiste que no, a cosa alguna que yo os rogase. Ahora hijo mío haced que estos dos religiosos abran sus órdenes pues irán por el mundo predicando, y convertirán mucha gente. Por todo esto os ruego, hijo mío, que los esperéis; yo permaneceré de rodillas delante de vos, hijo, hasta que me otorguéis esta grande gracia y merced, pues me habéis elegido por Madre de los pecadores, y no tienen tampoco quien ruegue por ellos como yo".

Entonces dijo Jesucristo inclinado por su infinita misericordia, y por los piadosos ruegos de su bendita madre, Nuestra Señora la Virgen María, no pudiendo sufrir más sus ruegos, como estaba hincada de rodillas la tomó del brazo, y levantándola le dijo: "Ahora, madre mía muy amada, place por amor vuestro perdonarlos, con estas condiciones, que si por las predicaciones de estos dos religiosos no se convirtieren, que de aquí en adelante no me roguéis más en general". La virgen María dijo: "me place Hijo mío, y os hago infinitas gracias de la gran merced que me habéis hecho". La primera lanza de las tres, que Jesucristo traía en la mano para destruir el mundo, significaba la venida del Anticristo diablo. La segunda significaba, el incendio del mundo corporal. La tercera significaba el juicio general. Estas lanzas fueron figuras (2 Re 17).

Buena gente, quiero deciros el propósito nuestro. Como David entre los hijos tenía uno que era traidor que fue llamado Absalón, el cual huyendo el caballero y pasando por debajo de un árbol, los cabellos se le enredaron en una rama, y quedó colgado, y en esto llegó

Joab con tres lanzas en la mano, y se las clavó las tres en el corazón, y lo mató. Veis aquí cómo lo dice el texto de la Biblia: *"Tulit ergo tres lanceas in manu sua, et infixit eas in corde Absalom: cumque adhuc palpitaret hærens in quercu"*[79] (2 Sam, 18,4), que quiere decir: "Tomó Joab tres lanzas, y las clavó en el corazón de Absalón". Aquí hay duda porque fueron tres, pues ¿bastaba una? Aquí hay secreto, fue la causa, para demostrar cómo el hijo traidor es figurado a este mundo, el cual con tres lanzas había de fenecer. Así, buena gente, mirad cuántos años han pasado desde que las órdenes fueron fundadas, y que ya son más de cien años, y por esta conclusión está probada que cien años han pasado que el mundo debía terminar, y que el Anticristo debía venir. Otro secreto declara san Juan: *"Et vidi angelum descendentem de cælo, habentem clavem abyssi, et catenam magnam in manu sua. Et apprehendit draconem, serpentem antiquum, qui est diabolus"*[80] (Apoc 20), que quiere decir: "Yo vi un Ángel que descendía del cielo. Y en una mano traía la llave del infierno, y en la otra una gran cadena, el cual después encadenó una gran serpiente: esto es Lucifer, y lo aprisionó en el infierno, y le señaló y mandó que no tentase a ninguno desde allí a mil años, y después que pudiese tentar, pero que le duraría poco tiempo". Sobre esto dicen muchos doctores que este desatamiento, es el tiempo del Anticristo, y que entonces Satanás, y Lucifer, que son serpientes antiguas, darán tentaciones. Y que el poco tiempo que tendrán les durará solo tres años y medio. Ahora veamos cuándo comenzaron los mil años.

Buena gente, según dicen los doctores, que estos mil años comenzaron en la pasión de Jesucristo, y que entonces

---

[79] "Et ait Joab: Non sicut tu vis, sed aggrediar eum coram te. Tulit ergo tres lanceas in manu sua, et infixit eas in corde Absalom: cumque adhuc palpitaret hærens in quercu" (2Sam, 18,4).

[80] "Et vidi angelum descendentem de cælo, habentem clavem abyssi, et catenam magnam in manu sua. Et apprehendit draconem, serpentem antiquum, qui est diabolus, et Satanas, et ligavit eum per annos mille" (Ap, 20,1-2).

el Ángel descendió, y que tenía la llave del infierno, y por esto se puede decir que si mil años, y no más, debían pasar, que ya han pasado y otros cuatrocientos años, y aún debía venir, y no ha venido. La declaración de esto es, que dijo el Ángel, que mil años debían pasar, y esta palabra es incierta. Buena gente, yo digo que Lucifer fue atado en la prisión de Jesucristo, que es el infierno, y que de allí no puede salir hasta el tiempo del Anticristo, y que hasta entonces no puede tentar personalmente. Verdad es que tientan sus capitanes, y que, cuando parece que lo hacen los capitanes y los vasallos, su señor lo hace. Y por esto las tribulaciones que daban estos siete capitanes en tiempo de Adriano, el señor lo hacía. Otra vez fue atado el dicho capitán en tiempo de san Silvestre, que de allí en adelante no había tantas tribulaciones, ni tantas herejías, ni tantas tentaciones. Y hallaréis en la historia de san Silvestre, que había en Roma un gran dragón que parecía una gran cosa, y que estaba en una gran cueva, y echaba alientos tan grandes que llegaban hasta Roma, y mataba mucha gente. El Emperador llamó a san Silvestre, y contó el comportamiento del dragón, y el gran daño que hacía. San Silvestre se puso en oración, y se le apareció san Pedro, y le dijo que fuese donde estaba el dragón y lo atase, y lo encerrase hasta el fin del mundo. San Silvestre tomó una cruz en la mano, y en la otra una cadena; dice la autoridad: "*Qui aperit, et nemo claudit: claudit, et nemo aperit*"[81] (Apoc, 3,7), que quiere decir. "Esta es la llave que cierra y ninguno puede abrir, y abre y ninguno puede cerrar". Esta llave es la cruz, y la cadena un hilo de lienzo. Y cuando san Silvestre fue allá, el dragón hacía gran ruido, y san Silvestre con la cuerda que traía le ató la cabeza y con una sortija le señaló diciéndole: "Traidor, aquí estarás aferrado hasta el fin del mundo". Ved el Ángel que es san Silvestre, que ofendió al dragón por revelación de san Pedro, y mandó al dragón que hasta pasados mil años no

---

[81] "Et angelo Philadelphiæ ecclesiæ scribe: Hæc dicit Sanctus et Verus, qui habet clavem David: qui aperit, et nemo claudit: claudit, et nemo aperit" (Ap, 3,7).

saliese, y estos mil años sucumbieron, cuando comenzaron las órdenes de santo Domingo y san Francisco, pues la conclusión es verdadera. Y de esta conclusión podemos sacar siete falsas opiniones.

La primera es, que dicen muchos que antes del fin del mundo, el arco de san Martín[82] por cuarenta años no se verá, y por esto dicen que no puede ser que tan pronto sea el fin del mundo, pues algunos días se ve el arco de san Martín. Verdad es que el maestro de las historias eclesiásticas lo dice de la misma manera, mas tiene fundamento de verdad. Pero dicen que el dicho arco aparece en tiempo de humildad, y dicen que antes del fin del mundo habrá gran sequedad, tanta que se encenderá en fuego. Esta es falsa opinión y error, y no natural, que todas las cosas del fin serán por el poderío y justicia de Dios en un momento súbitamente, así como vino súbito el diluvio en un momento. Y así vendrá aquel fuego, y quemará sierras, montes, ciudades, castillos fuertes, villas, lugares, mar y todas las aguas, y todo el mundo en general. Y en este tiempo cuando esto suceda, aún habrá personas vivas.

La segunda opinión falsa y errónea es, que dicen algunos que Elías y Enoc deben venir primero o antes del Anticristo. Buena gente, verdad es que han de venir a predicar, mas no antes del Anticristo. Y así lo dice san Juan en el cap. 11 del Apoc., que no vendrán a predicar antes del Anticristo, sino cuando ya haya reinado tres años, y que en el medio año saldrán Elías y Enoc, entonces predicarán reprendiendo, y predicando contra el Anticristo. Así observad cómo la opinión es falsa, que no vendrá antes del Anticristo, sino contra el Anticristo.

La tercera opinión falsa y errónea es, que dicen algunos que antes del Anticristo han de venir las señales del Evangelio que todavía no se presentan, y que por esto el Anticristo no ha de venir tan pronto. Lo que dice el

---

[82] Probablemente el arco iris, según se le conoce en Valencia.

Evangelio es esto: "*Et erunt signa in sole, et luna, et stellis*"[83], que quiere decir: "Habrán señales en el sol, en la luna y en las estrellas". Y estas señales no vendrán hasta que el Anticristo esté muerto y el fuego sea encendido. Porque entonces habrá por todo el mundo tanto humo de ese mismo fuego, que entonces estarán las señales en el sol, en la luna y en las estrellas.

La cuarta opinión falsa y errónea es, que algunos dicen que la tierra santa de Jerusalén ha de ser primero conquistada por los Cristianos. Yo digo que no es así, ni es razón natural, porque antes de la primera muerte podría decir el hombre que habría razón, porque había mucha gente en el mundo, pero ahora no bastaría la poca gente que ha dado a poblar tanta tierra de acá, cuanto más aquella que es mucho más grande. Y otro si ya es cumplido, que el duque Godofredo de Bouillon la conquistó y por pecados fue perdida. Dice: "*Jerusalem calcabitur a gentibus, donec impleantur tempora nationum*"[84] (Lc 24), que quiere decir: "Jerusalén será dominada de infieles hasta el fin del mundo".

La quinta opinión falsa es, que dicen algunos que antes de que venga el Anticristo todo el mundo tornará a una ley, yo otorgo que todos debemos volver a una ley, pero será después de la muerte del Anticristo; entonces todas las gentes del mundo tornarán a una ley, y a una fe.

La sexta opinión falsa es, que dicen muchos que antes del fin del mundo, el Evangelio se ha de predicar por todo el mundo, según san Mateo 24: "*Et prædicabitur hoc Evangelium regni in universo orbe*"[85], que quiere decir que

---

[83] "Et erunt signa in sole, et luna, et stellis, et in terris pressura gentium præ confusione sonitus maris, et fluctuum" (Lc, 21,25).

[84] "Et cadent in ore gladii, et captivi ducentur in omnes gentes, et Jerusalem calcabitur a gentibus, donec impleantur tempora nationum" (Lc, 21,24).

[85] Et prædicabitur hoc Evangelium regni in universo orbe, in testimonium omnibus gentibus: et tunc veniet consummatio" (Mt, 24,14).

será predicado el Evangelio a toda la gente, y que entonces será el fin del mundo.

Buena gente, engañados estáis pues esto ya se ha cumplido con los Apóstoles, los mártires, los confesores y los frailes menores han ido predicando el Evangelio por todo el mundo, y aún ahora se predica. Y según parece en muchos lugares de la Escritura, Dios tiene la manera, de que cuando ha de enviar alguna persecución, primero envía mensajeros para avisar a las gentes, que cuando quiso destruir el mundo por el diluvio, envió a Noé a predicar, y a avisar a la gente. Y antes de que fuese la destrucción de Egipto, envió Dios a Moisés que les predicó. Después, cuando quiso destruir la tierra prometida, envió primero a Jeremías profeta que les predicó, y la gente se burlaba de él. Y después, cuando los judíos debían ser destruidos. Autoridad: *"Jam enim securis ad radicem arborum posita est"*[86], que quiere decir: "Ya está puesta el hacha a la raíz del árbol para cortarlo y destruirlo". Y entonces Dios les envió a san Juan Bautista que les predicó y avisó. Así, en todas las otras destrucciones enviaba Dios mensajeros. Os aviso buena gente, que todas las destrucciones susodichas son burla, y nada, en comparación de las que han de ser ahora, antes del fin del mundo. Os hago saber buena gente, que el pregonero y mensajero que había de venir a predicar y avisaros de las grandes y terribles tribulaciones y persecuciones que sobre vosotros han de venir pronto, muy pronto, ha sido enviado para que os declare la verdad, y que os avise cada día; no os tome como a los que hallaron en tiempo de Noé, que súbitamente estando en sus placeres y grandes vicios del mundo, vino el diluvio y los ahogó a todos. Así que no esperéis las señales, para que no quedéis engañados, que sin duda ninguna vendrán las sobredichas señales pronto, muy pronto.

Procurad que no tengáis en menosprecio lo que he dicho, si no, será vuestro daño y no podréis pretender

---

[86] "Jam enim securis ad radicem arborum posita est. Omnis ergo arbor non faciens fructum bonum, excidetur, et in ignem mittetur" (Lc, 3,9).

ignorancia, ni podréis decir que no habéis sido avisados, ni podréis decir que no os han predicado la verdad bien claramente.

La séptima opinión falsa es, que dicen muchos que deben venir primero muchos en nombre de Jesucristo y que aún no han venido. Autoridad: *"Multi enim venient in nomine meo"*[87], que quiere decir: "Muchos debían venir en nombre de Cristo y no han venido". Hallarás en el Talmud de los judíos, que un falso hombre apareció entre los judíos nombrándose Mesías[88]. Así, buena gente, la primera cosa y más cierta que esperamos, es el Anticristo, por eso no seáis engañados por las señales que vosotros esperáis ya que todo se ha cumplido, y estad preparados para que no os tome con vuestros corazones adormecidos y reposados. Dice San Pablo (Tes 5) : *"De temporibus autem, et momentis, fratres, non indigetis ut scribamus vobis"*[89], que quiere decir: "hermanos míos, vosotros me decís del tiempo y del momento, cuando vendrá, no me lo preguntéis que no pertenece a vosotros, que aquel día Jesucristo vendrá a dar el fin del mundo y será muy pronto; vendrá como el ladrón que mientras la gente está durmiendo él roba la casa, y cuando la gente despierta no tiene tiempo de recobrar lo perdido, porque despertaron tarde, y se encontraron burlados". Así dice que será aquel ladrón del Anticristo, y que vendrá así, secretamente, y burlará los méritos y las buenas obras. Y algunos dirán: "Vos fraile lo decís para que nos espantemos y confesemos y mejoremos nuestra vida". Buena gente, no lo digo por eso, que si yo dijese una mentira en la predicación, por ella sería condenado, mas yo, buena gente, os predico la verdad, por orden de mi señor Jesucristo que me envía. Observad buena gente, que si todo el mundo se hubiese de salvar, yo no diría una mentira, ni

---

[87] "Multi enim venient in nomine meo, dicentes : Ego sum Christus : et multos seducent" (Mt, 24,5).
[88] Renglón ilegible en el original.
[89] "De temporibus autem, et momentis, fratres, non indigetis ut scribamus vobis" (I Tes, 5,1).

una falsa predicación. Por tanto los que poseen los placeres y deleites de este mundo cuídense, que cuando no os deis cuenta vendrá súbito este tiempo del Anticristo y del fin del mundo.

Mas dice, que vendrá como mujer preñada, que cuenta "de aquí a tantos días debo dar a luz", y cuando más segura está, llega el parto, y después llaman rápido a la partera, y no tiene nada listo. Mas muchos dicen: "no os espantéis, que primero será que, por cuarenta años no se verá el arco de san Martín", como dijimos arriba. Otros dicen que primero vendrá Elías y Enoc. Otros dicen que primero vendrán las señales que dice el Evangelio del sol, luna y estrellas. Otros, que primero se ha de conquistar la Tierra Santa de Jerusalén. Otros, que primero tornará el mundo a una ley. Otros, que primero se ha de predicar el Evangelio por todo el mundo. Otros dicen: primero han de venir muchos llamándose Cristo. Yo digo, que más rápido de lo que pensamos vendrán aquellos dolores.

¡Oh, señor! Yo te ruego que yo no vea este tiempo tan espantoso y terrible, que no bien tengo por cierto que no lo veré, porque si yo oyese decir aquellas cosas contra mi Señor Jesucristo, yo reventaría. Por esto, buena gente, no debéis desear ver aquel tiempo, porque será muy espantoso, que nunca fue tal desde que el mundo fue creado. Observad aquí las dos partes declaradas y la predicación acabada.

Deo gratias.

Cuarto sermón: Si ya ha nacido el Anticristo

Buena gente, cuando los Ángeles malos cayeron del cielo, hicieron tres partes:

Una parte cayó en el infierno, y son necesarios para atormentar a las almas, y que aquel mismo diablo que ha tentado en este mundo, atormentará en el otro.

La segunda parte cayó acá, en el mundo, y están entre nosotros y nos tientan.

La tercera parte quedó en alto en la media región del aire, donde se congela el granizo, piedra, lluvia, truenos y rayos. Estos son los males de ellos, los cuales están así espesos como el polvo de la tierra.

Yo os dijo buena gente, que *pronto, muy pronto, pocos días después de mí será el fin del mundo*. Oh, buena gente, yo os dije en el otro sermón antes de este de la revelación que fue hecha a santo Domingo y a san Francisco de las tres lanzas con que Jesucristo quería destruir el mundo, y cómo la Virgen María por sus ruegos le restauró, con tal condición, que dijo Jesucristo: "Madre mía yo no os quiero decir que no, pero *si ellos no se convierten*, no me roguéis más, que no los perdonaré". Dijo la Virgen María: "Hijo mío, bien me place". Mirad pues, ahora, cómo se han convertido, por las dos congregaciones que les han predicado, que nunca hubo tanta vanidad, ni tantas pompas, ni tantos logros; y los señores, por dar a los rufianes, roban a los vasallos: os digo que nunca hubo tanta avaricia, ni tanta lujuria como ahora, que todos los estados del mundo están corrompidos y llenos de envidia. Los clérigos unos contra otros, y otro tanto los caballeros y otra gente. Todos están llenos de ira unos con otros, por nada se acuchillan y se matan; ya no tienen cuidado de sus almas, sino del cuerpo. Así podemos bien decir, que pronto, muy pronto, será el fin del mundo. Y además porque *estas santas congregaciones ya están acabadas y destruidas, que sólo tienen el nombre de congregaciones*; y de frailes, de mil ni uno lleva la regla según debe, que sea obediente, casto, pobre; y veo que hoy es peor como nunca antes lo fue; y así *no nos maravillemos si en breve tiempo viene la ira de Dios sobre nosotros.*

Yo conozco un religioso[90] que me ha dicho de su boca (con verdad) más de quince veces, que estaba enfermo en este tiempo, y creciéndole la enfermedad en la vigilia de (la fiesta de) san Francisco murió, y estando ya en el extremo, él tenía gran devoción a san Francisco, y el enfermo hacía oración y decía con gran devoción a Jesucristo: "Señor, así como habéis hecho muchos milagros, dadme a mi esta gracia, que yo sane de esta enfermedad, para que yo pueda predicar vuestra santa palabra por el mundo". Acabada su oración y petición, súbitamente fue arrebatado, y vio a Jesucristo que estaba en un trono sin reparo, y que san Francisco y santo Domingo estaban de rodillas a los pies de Jesucristo, y el fraile que me lo ha contado, estaba mirando y vio cómo santo Domingo y san Francisco rogaban con gran devoción y humildad: "Oh, Señor, no sea tan pronta vuestra ejecución contra vuestro pueblo, sino antes, Señor, que deis el fin al mundo enviadles algunos que les prediquen y les avisen"; y Jesucristo mostraba que no los veía, ni les oía, y que su corazón estaba duro como mármol. Y al cabo de poco rato, por los ruegos que los dos santos le hicieron, abrió la fuente de misericordia, y miró a los dos santos a la cara, y se puso en medio de ellos. Y llamó al fraile enfermo que estaba algo apartado, y Jesucristo así como queriéndole halagar, le puso la mano sobre la cara y le dijo: "Oh, amigo mío, devoto siervo, tú que has aborrecido las vanidades y vicios del mundo, por tus grandes ruegos que me has hecho, y estos dos santos que están presentes, yo quiero esperar tu predicación, y te mando a que vayas a predicar por el mundo, para que no puedan alegar ignorancia, ni negar el día del juicio, y que no hayan sido por muchas veces

---

[90] Probablemente habla San Vicente Ferrer de sí mismo aquí, aunque en tercera persona.

avisados de su incredulidad, y poco conocimiento que tienen en hacer buenas obras, y en conocer la cuenta que me han de dar de todo". Acabando Jesucristo de decir esto, el fraile enfermo despertó y se encontró bien y sano, y más de quince veces me lo contó él mismo de su boca a mí, y yo estoy muy seguro de que él no mentirá, por no perder la amistad de Dios, y más de doce años han pasado que va predicando por el mundo con mucho afán y trabajo, y pronto morirá.

Y más veréis en la sexta conclusión que dice Daniel profeta, que preguntó al Ángel san Gabriel cuándo sucederían estas cosas de las tribulaciones que habían de venir en el tiempo del Anticristo, y que el Ángel le respondió: "*Et cum completa fuerit dispersio manus populi sancti, complebuntur universa hæc*"[91] (Dan 12), que quiere decir: "Cuando se acabe y se cumpla la dispersión del mando del pueblo santo", dice que entonces será el fin del mundo. El pueblo santo *es el pueblo cristiano*, y este pueblo tiene dos manos, una derecha y otra izquierda, éstas son dos dignidades. La primera es la Iglesia en que está el Papa. La otra es seglar, que es el Emperador y dice que cuando se dé esta dispersión, será el fin del mundo, y para esto habla de ambos.

Veamos primero la mano izquierda, yo digo que ya poco le falta para ser del todo cumplida, porque primero quien ahora es el Emperador de Roma y de todos los Reyes cristianos, apenas si tiene hoy quien le obedezca; el imperio se ha partido ya en muchas partes y está dividido, de modo que no hay quien quiera hacer ninguna cosa por el Emperador.

Veamos la mano derecha, que significa el Papa. Dirá alguno, todos obedecemos al Papa, yo digo lo contrario,

---

[91] "Et audivi virum qui indutus erat lineis, qui stabat super aquas fluminis, cum elevasset dexteram et sinistram suam in cælum, et jurasset per viventem in æternum, quia in tempus, et tempora, et dimidium temporis. Et cum completa fuerit dispersio manus populi sancti, complebuntur universa hæc" (Da, 12,7).

que ya no hay caballero, ni hay Rey, ni grande que si el Papa le hace enojar, luego no se quisiese vengar de él, y luego lo negaría y diría que no es, ni lo conoce por Papa, y lo tendrá allí delante por enemigo. Y si estuviese en tierra donde hubiese otros papas, diría que aquellos son verdaderos. ¿Veis aquí, cómo esto no sería obediencia? Pero os digo que habrá algunos prelados y eclesiásticos en el mundo, que si supiesen que en algún reino hubiesen hecho otro Papa en beneficio del que está en Roma, y si les diese algún honor, luego dirían que aquél es el verdadero Papa. Yo os digo que los hombres ya no tienen obediencia a Dios, ni al Papa, ni al emperador, y de esta manera se muestra cómo la autoridad dice la verdad. Y en la séptima conclusión dice san Pablo, que en el tiempo que Nerón comenzó a matar a san Pedro y a san Pablo, creían los de Roma que Nerón fuese el Anticristo, y sobre esto dice san Pablo: *"Quoniam nisi venerit discessio primum, et revelatus fuerit homo peccati filius perditionis"*[92] (2 Tes, 2), que quiere decir, no creáis que éste sea el Anticristo. Verdad es que son muchos Anticristos figurados, pero antes que venga el último, el cual vendrá tres años y medio, y cuarenta y cinco días antes que del acabamiento y fin de este mundo. Primero vendrá el esparcimiento y división del pueblo santo, y no más dice después; pero entonces será revelado o publicado el mixto hijo de perdición, hombre lleno de todos los pecados que puedan existir, y ha de hacerse adorar como dios, y Dios le mandará poner en medio del infierno; dice la glosa que allá donde está el verdadero Papa, está la Iglesia. San Mateo y san Lucas dicen que: así como fue en el tiempo de Noé, que así será en aquel tiempo. Autoridad: *"Sicut autem in diebus Noe, ita erit et adventus Filii hominis"*[93], que quiere decir: "Así como fue en los días de

---

[92] "Ne quis vos seducat ullo modo: quoniam nisi venerit discessio primum, et revelatus fuerit homo peccati filius perditionis" (II Tes, 2,3).
[93] "Sicut autem in diebus Noë, ita erit et adventus Filii hominis" (Mt, 24,37).

Noé, así será la venida del hijo del hombre", que cuando Dios quiso destruir el mundo en el tiempo del diluvio, reveló a Noé que predicase primero a la gente y que hiciese el arca y así lo hizo, y predicando decía a la gente: estad prevenidos, pues Dios ha de enviar tan gran diluvio, que toda la gente se ahogará, y se perderá por todo el mundo, y será pronto, muy pronto; y la gente se burlaba de él y le decían: "Pobre del viejo desvariado y sincero", otros decían: "Algún diablo se le apareció". Finalmente predicó ocho años y no pudo convertir sino a siete personas.

Aún dice que allí sería el fin del mundo enseguida, y que estando segando vino súbitamente el diluvio, y que a todo el mundo lo llenó el agua y, aunque todos quisieron huir todos se ahogaron. De manera que *los malos siempre se burlan de los mensajeros de Dios*, y así mismo se burlaron de Elías, y de Jeremías, y de san Juan Bautista, y así nueva cosa será que haya mensajero de Dios que no se burlen de él. Mas aquellos que tendrán devoción en las palabras que ellos digan serán bienaventurados. Así, buena gente, avisad y parad las falsedades que no os tome así como a las gentes del tiempo de Noé, y dejad los pecados, vicios y deleites del mundo, y seréis nombrados siervos e hijos de Dios, y gozaréis de la sempiterna gloria.

Buena gente, cada pecado mortal da infección y corrupción a los elementos del gran hedor que tiene en sí el pecado, esto es cuando algunos blasfeman de Dios, que tanto cuanto aquella palabra se pueda oír sobre la tierra, o en el aire, o en el agua, tanto se infecta y corrompe a los elementos. Mas, cuando tú matas o burlas, o haces lujurias, o cualquier otro pecado mortal secretamente, o lo hicieses encima de una torre, piensa de cuán lejos podría ser vista la persona, tanto lejos se corrompe cualquiera de los elementos del gran hedor que sale del pecado. Y nosotros no lo sentimos, porque somos creados en ellos, como un estercolero que por grande que es no siente el hedor que sale del estiércol. Sobre esto decía el profeta Joel (Jo 1):

"*Computruerunt jumenta in stercore suo*"⁹⁴, que quiere decir: "Las bestias son corrompidas en su estiércol" y su hedor sube arriba, y el pudrimiento y corrupción. Ahora digo yo al profeta: "Oh, Joel, ¿Por qué nos llamas bestias?" Responde y dice: "Porque no vivís como hombres, sino como bestias, que no tienen ningún refrenamiento de razón, y así nosotros no tenemos ninguno, aunque tenemos freno, con el cual podemos regir el caballo, que es nuestro cuerpo, quiere decir, que tenemos libre albedrío y los cinco sentidos con que podemos hacer honestidad o deshonestidad, pero no nos refrenamos, si no que vamos a rienda suelta corriendo por todos los pecados; así como la bestia debe ser frenada porque va por donde quiere". Observad aquí por qué nos llama bestias el profeta. Y en muchas otras maneras somos dichos bestias.

La primera, porque somos soberbios como el león. La segunda porque somos avarientos como la zorra. La tercera somos comparados a los puercos, porque nos envolvemos en el pecado de lujuria, así como los puercos en el lodo. La cuarta, por la envidia somos comparados a los perros. La quinta por la gula somos comparados a los lobos. La sexta por la ira somos comparados a la víbora. La séptima por la pereza somos comparados a los asnos. Dice el maestro de las historias eclesiásticas, que así como el agua subía quince codos sobre la más alta sierra del mundo, cuando fue el diluvio en el tiempo de Noé, tan alto sube ahora el hedor de los pecados. Algunos podrían decir que no puede ser verdad, diciendo que, si fuese también se olería. Para esto debemos mirar que los peces del mar, que son criados en el agua, por el continuo estar en ella no sienten el amargor de la sal que hay en ella, porque fueron allí engendrados. Mas si peces de agua dulce pones allí, en el mar, no lo podrán aguantar. Así, nosotros que hemos sido engendrados y hemos nacido en el gran amargor del

---

[94] "Computruerunt jumenta in stercore suo, demolita sunt horrea, dissipatæ sunt apothecæ, quoniam confusum est triticum" (Jl, 1,17).

pecado, de la tierra y de elementos que reciben el gran hedor que sale de él, no lo sentimos por estar continuamente en ello. Mas si la Virgen María y los Ángeles descienden a este mundo, como nunca pecaron, se habrían de tapar las narices porque no lo podrán sufrir. Así mismo, los avaros cuando entran en el establo, aunque allí haya gran hedor del estiércol por el uso no sienten el hedor, ni se tapan las narices, ni se preocupan por ello. Mas un señor -o cualquier otro que no esté acostumbrado a ello- no podrá sufrir el hedor, pero sí no nosotros que estamos criados y podridos en el estiércol de este mundo, no sentimos hedor ninguno.

Por esto, buena gente, ved que la cuenta será muy pronto demandada; y que cuando venga el juez que no os halle adormecidos en el hedor de los vicios y deleites de este mundo. Autoridad: *"Ecce venit, dicit Dominus exercituum. Et quis poterit cogitare diem adventus ejus, et quis stabit ad videndum eum? Ipse enim quasi ignis conflans, et quasi herba fullonum: et sedebit conflans, et emundans argentum: et purgabit filios Levi, et colabit eos quasi aurum et quasi argentum, et erunt Domino offerentes sacrificia in justitia"* [95], que quiere decir: advertid que Dios dice que el gran fuego del juicio viene, y no dice que vendrá, pero que ya viene, y que no se puede excusar. Mas dice: ¿Y quién puede pensar cuando será, y cuándo se harán aquellas tan grandes y muy terribles llamas? ¿Quién las podrá ver? El fuego purificará todos los males y suciedades como fino oro. Y dicen que inflamará con la llama al derredor todos los enemigos de Dios. Primero comenzará a quemar el espantable fuego en

---

[95] "Ecce ego mitto angelum meum, et præparabit viam ante faciem meam: et statim veniet ad templum suum Dominator quem vos quæritis, et angelus testamenti quem vos vultis. Ecce venit, dicit Dominus exercituum. Et quis poterit cogitare diem adventus ejus, et quis stabit ad videndum eum? Ipse enim quasi ignis conflans, et quasi herba fullonum: et sedebit conflans, et emundans argentum: et purgabit filios Levi, et colabit eos quasi aurum et quasi argentum, et erunt Domino offerentes sacrificia in justitia" (Ml, 3,1-3).

Oriente, y luego en Occidente, y a la parte del Norte hasta el Mediodía, y así se ayunará todo, y será visto por toda la gente del mundo. Por esto decía David en el salmo XLIX: *"Deus manifeste veniet"*[96], que quiere decir: Nuestro Señor Dios manifiestamente vendrá, dando hoces no callará, y gran fuego irá delante de él, y gran tempestad poderosa traerá con rigor que tendrá contra los malos. Decía san Pablo (2 Ti, 3): *"Hoc autem scito, quod in novissimis diebus instabunt tempora periculosa: erunt homines seipsos amantes, cupidi, elati, superbi, blasphemi, parentibus non obedientes, ingrati, scelesti, sine affectione, sine pace, criminatores, incontinentes, immites, sine benignitate, proditores, protervi, tumidi, et voluptatum amatores magis quam Dei: habentes speciem quidem pietatis, virtutem autem ejus abnegantes"*[97], que quiere decir: Hijos míos, sabed que aquellos días postrimeros serán muy peligrosos, porque la gente se amará mucho a sí mismo, comiendo y bebiendo, serán soberbios y pomposos, llenos de muchos vicios y deleites carnales, en tanto que negarán la verdad y la caridad. Y cuando no lo adviertan, verán venir el terrible fuego, y verán los rayos que quemarán las casas y subirán en las torres, y verán venir el gran fuego que comenzará a quemar su calle, y dirán: "Oh, infelices nosotros, ¿qué haremos? Que ya se ha quemado el vecino y su casa"; y verán dos hombres razonando, y verán los rayos que los quemarán. Entonces tendrán prisa de volverse a Dios, mas poco aprovechará, porque lo harán forzados. Y los que ahora no quieren confesar, entonces se darán prisa por

---

[96] "Deus manifeste veniet; Deus noster, et non silebit. Ignis in conspectu ejus exardescet; et in circuitu ejus tempestas valida" (Sal 49,3).

[97] "Hoc autem scito, quod in novissimis diebus instabunt tempora periculosa: erunt homines seipsos amantes, cupidi, elati, superbi, blasphemi, parentibus non obedientes, ingrati, scelesti, sine affectione, sine pace, criminatores, incontinentes, immites, sine benignitate, proditores, protervi, tumidi, et voluptatum amatores magis quam Dei: habentes speciem quidem pietatis, virtutem autem ejus abnegantes. Et hos devita" (2Tim, 3,1-5).

buscar confesor; por esto confesemos ahora que tenemos tiempo.

Los logreros dirán: "¿Viste tal hombre? Porque le quiero devolver lo que le debo", cuando todo se ha de quemar. Y los que ahora no quieren perdonar, entonces buscarán sus contrarios para hacer paz. Los que tienen beneficios por simonía, entonces dirán: "¿En dónde está el Papa? Porque quiero ir a renunciar", y no será hora entonces de restituir. Haz lo que tienes que hacer ahora, que tienes tiempo. Y muchos Emperadores, Reyes, y señores que robaban a sus vasallos, entonces querrán devolver, mas no estarán a tiempo. Y algunos clérigos que no tienen breviarios, ni rezan sus horas, y tienen buenas lanzas, espadas, y están cargados de armas como rufianes, y traen sus casquetes, entonces irán a buscar quién les venda breviarios para rezar. Y muchos religiosos que no guardan la regla, ni la saben, entonces irán buscando al Prior para ver qué tal es la regla. ¡Oh, qué prisa habrá entonces! Y, qué harán los hombres casados que tienen mancebas, entonces las querrán dejar, y dirán: "¿Sabéis quién se quiera casar con manceba? Y le daré tantos miles maravedíes con ella", pero no habrá tiempo entonces. Cuando la gente vea tanta tribulación, ¿cuánto dolor habrá entre ellos? Los caballeros dirán: "Oh, infeliz, ahora se quemarán mis castillos, ciudades, villas, y lugares, más valiera que de tantas hubiese edificado una en el paraíso". Los logreros dirán: "Ahora se quemarán mis dineros", y otros dirán: "ahora se quemará mi ganado". Y dirán las mujeres: "ahora se quemarán mis ropas francesas, mis arcas, maquillajes, colores y perfumes, mis anillos, colgantes y joyas". Todos habremos de dar cuenta. Autoridad: "*Omnes enim nos manifestari oportet ante tribunal Christi, ut referat unusquisque propria corporis, prout gessit, sive bonum, sive malum*"[98] (2 Cor, 5), que quiere decir: a todos buenos y malos es necesario que

---

[98] "Omnes enim nos manifestari oportet ante tribunal Christi, ut referat unusquisque propria corporis, prout gessit, sive bonum, sive malum" (II Cor, 5,10).

seamos manifestados, y que demos cuenta delante la cara de Jesucristo, para que nos sea dada tribulación, y el pago que merecemos de bien o mal, según lo que habrá hecho cada uno.

La segunda cosa es del tiempo cuando será. Dice san Jerónimo en *De Annalibus Hebræorum*, que después del fin del mundo pasarán dos días, y al tercero resucitarán, porque así como Jesucristo resucitó al tercer día, su resurrección fue espejo y figura de la nuestra. Autoridad: "*Christus resurrexit a mortuis primitiæ dormientium*"[99] (1 Cor, 15), que quiere decir: "Primero Jesucristo resucitó, y los otros lo seguirán". Dice san Pablo (1 Cor, 15): "*Ecce mysterium vobis dico: omnes quidem resurgemus, sed non omnes immutabimur. In momento, in ictu oculi*"[100], que quiere decir: que en todos cuanto somos, buenos y malos resucitaremos en un momento y en una mira de ojo. Y si un hombre murió aquí, y tiene las manos en otro lugar, aquella unión será en tiempo, mas el resucitar en volver de ojo. Y cuando hayan de resucitar, Jesucristo llamará y dirá a san Miguel: "Pregona con muy voz muy alta, que todos los muertos vengan al juicio". Y san Miguel tomará la trompeta de Dios, que no esperéis que sea como las de acá, mas dice trompa porque la trompa hace un sonido terrible, y así aquella voz será muy terrible, grande y espantable, tal que será oída por los del paraíso, y los del purgatorio, y de los del infierno. La voz dirá así: "*Surgite mortui venite ad judicium*" que quiere decir: "Levantaos muertos, venid al Juicio a dar razón". Y súbitamente toda alma que esté en el paraíso, en los limbos, en el purgatorio, y en el infierno, recobrará su cuerpo y se dirán unos a otros: "Oh, infelices nosotros, qué trompa tan terrible y tan triste es esta. Ahora

---

[99] "Nunc autem Christus resurrexit a mortuis primitiæ dormientium" (I Cor, 15,20).

[100] "Ecce mysterium vobis dico: omnes quidem resurgemus, sed non omnes immutabimur. In momento, in ictu oculi, in novissima tuba: canet enim tuba, et mortui resurgent incorrupti: et nos immutabimur" (I Cor, 15,51-52).

iremos al juicio y daremos cuenta de nuestra triste y amarga vida que hemos vivido en el mundo lleno de vicios y engaños". San Jerónimo tenía tanto miedo de esta trompeta que continuamente tenía en su corazón gran espanto, y siempre le parecía que la sentía sonar. Autoridad: "*Sive comedam, sive quicquam operis faciam, semper mihi videtur illas terribile audier voces: Surgite mortui, venite ad judicium*"[101], que quiere decir: "Cuando como, bebo, o cuando hago cualquier cosa, o estando en la mesa o en la cama siempre pienso en el día del juicio, y todo el tiempo me parece que oigo aquella voz terrible, de aquella trompeta de gran tristeza y espanto. Y siempre me parece que tengo aquella voz en mis orejas" y súbitamente se amortecía llamando a sus compañeros y ellos decían: "Oh, padre, ¿qué sucede?" Y él decía: "Me parece que oí la trompeta del juicio". Y decían los compañeros: "Oh, padre, no será tan pronto". Respondía él: "Será como la misericordia de Dios lo determinare y lo quisiere prolongar o acortar, que *según son tantos los pecados de la gente, ya debía haber venido el fin del mundo*. Buena gente, vosotros ¿en qué pensáis ahora? Creo que en los vicios y engaños de este mundo, y así iréis al infierno, como las ovejas al matadero.

Se lee de dos hermanos ermitaños, que por no estar ociosos hacían canastos de palma, los vendían, y de aquello vivían. Un día les faltó la palma y dijo uno: "¿Queréis que vayamos a buscar palmas?" El otro dijo: "Vamos en una hora buena", y las fueron a buscar a la vuelta, andando un tiro de ballesta, uno de ellos fue arrebatado súbitamente de espanto, gimiendo y dando gritos, girando los ojos de manera que casi parecía endemoniado, revolcándose por el suelo. Estuvo en esta pena tres horas, y cuando tornó en sí, le dijo su hermano que cómo estaba, o qué sentía que tanto mal había pasado. Respondió muy espantado, y le dijo: "¿Cómo y cuán sordo eres hermano que no has sentido la

---

[101] Hieronymus: "Sive comedam, sive bibam, sive scribam, sive aliud operis quicquam faciam , semper sonat in auribus meis vox illa: Surgite mortui, venite ad judicium".

trompeta del espantable juicio? Vámonos pronto a casa, porque si viene no nos halle fuera". Y así volvieron espantados que no osaron ir más adelante. En el tiempo de ahora ¿quién piensa esto? Os digo que derecho nos iremos al infierno. San Juan dice: "*Beatus qui vigilat, et custodit vestimenta sua*"[102] (Ap, 16), que quiere decir: "Bienaventurado el que vela y guarda sus vestiduras" de buenas obras, para que en aquel día no se encuentre desnudo, y en gran confusión.

Ahora veamos en qué manera se hará la resurrección. San Juan dice: "*Nolite mirari hoc, quia venit hora in qua omnes qui in monumentis sunt audient vocem Filii Dei*"[103] (Jn, 5), que quiere decir: "No os maravilléis de esto, porque dicen muchos, ¿cómo puede ser que el hombre que fue quemado, o podrido en tierra, o en agua pueda resucitar?". Por esto dice Jesucristo: "No os maravilléis, que Dios ha creado el mundo de la nada, ¿qué maravilla es, que de lo que ha sido el cuerpo, que era nada, que no lo torne a hacer de la misma materia que lo creó? Que muchas veces un platero, que no es igual a Dios, toma la plata hecha polvo y hace una hermosa taza, ¿cuánto más puede Dios hacer de polvo, y de cualquier otra cosa una creatura, como lo hizo con nuestro padre Adán? Así habéis de creer, que por seguro que estemos hechos polvo, o de otra materia, Dios nos tornará a ser como estábamos antes en nuestra carne, que no es maravilla que Dios lo haga, pues el platero lo puede hacer, que por esto dice que todos oirán la voz de Dios en los monumentos. Aquí hay una cuestión, que Dios no habla si no de los muertos que son enterrados en los monumentos, pues qué diremos de los que mueren en los montes, en el mar, o fueron quemados.

Buena gente, yo digo una conclusión. Que nunca fue, es, ni puede ser que muerto alguno quedase por

---

[102] "Ecce venio sicut fur. Beatus qui vigilat, et custodit vestimenta sua, ne nudus ambulet, et videant turpitudinem ejus" (Ap, 16,15).
[103] "Nolite mirari hoc, quia venit hora in qua omnes qui in monumentis sunt audient vocem Filii Dei" (Jn, 5,28).

sepultura en monumento, porque son cuatro monumentos del cuerpo y cuatro del alma. Los del cuerpo son estos. El primero es la tierra, que es monumento común. El segundo es el agua que es más noble. El tercero es aire, que es más noble. El cuarto es la iglesia y es el más noble que todos. Los del alma son más nobles. *"Bellum beatorum"*, que es el paraíso. El segundo es el purgatorio. El tercero es el limbo de los niños. El cuarto es el infierno de los dañados. No puede haber persona que no vaya a alguno de éstos. Y del juicio en adelante no habrá purgatorio, y aunque la persona esté en este mundo negra, manca, si es siervo de Dios, resucitará así claro, hermoso, glorioso, que no hay entendimiento que lo pudiese comprender. ¡Oh, buena gente, quien pudiese pensar cuánta alegría, y cuanta consolación y gloria habrá cuando el alma se vista con su cuerpo glorioso! ¡Cómo lo estará mirando con grandísimo placer y holganza!

    Buena gente, trabajad en hacer buenas obras, para que alcancéis merecer la gracia, para que os podáis vestir con vuestro cuerpo glorioso, y gozar del descanso que os está preparado, que yo os certifico que será muy pronto aquel día. Y habéis de saber, que después de resucitados los buenos, resucitarán los malos, según dice David en el primer salmo: *"Non resurgent impii in judicio, neque peccatores in concilio justorum"*[104], que quiere decir, que los dañados no resucitarán en el primer juicio de los buenos y gloriosos, ni así claros y hermosos, sino tan terribles, negros, abominables, y espantosos, que pienso que si aquí estuviese uno de ellos y lo vieseis, que todos caeríais muertos de espanto, y el gran hedor que tendrán lo sentiréis de un lado a otro del mundo, y no podrían poner su cuerpo de estos una punta de aguja que no sea lleno de dolor cruel y amargura. Y cuando Jesucristo venga a juzgar y a pagar a cada uno según sus obras, irán primero los Ángeles y Potestades, y después Patriarcas, Profetas y Apóstoles. Y

---

[104] "Ideo non resurgent impii in judicio, neque peccatores in concilio justorum" (Sal 1,5).

Jesucristo y la Virgen María, Su Madre, en el medio: y así descenderán en el aire hasta un tiro de ballesta cerca de la tierra así estarán ordenados los santos y santas, y así delante de todos ellos tendremos que dar razón y cuenta de nuestra vida. Aquí se mostrarán todos los libros de nuestras consciencias abiertos, así claramente, que cuantas obras buenas y malas el hombre haya hecho en todo tiempo de su vida, allí se mostrarán, según dice el Profeta: *"Et vidi mortuos, magnos et pusillos, stantes in conspectu throni, et libri aperti sunt"*[105] (Apoc, 20), que quiere decir, que en el juicio se sentará Jesucristo, y que los libros serán abiertos, esto es las consciencias de todos, y que unos a otros se las verán, y unos acusarán a otros, diciendo: "¿No es aquel, tal caballero, o tal hombre que parecía devoto? ¡Oh traidor falso, todo lo hacía por vanagloria e hipocresía!".

Y dirán. "¿No es aquel, tal obispo, o tal canónigo, o tal clérigo? ¡Oh el traidor, y todo cuanto tenía ganado era de simonía!". Y dirán más: "¿No es aquella, tal dueña, o tal mujer que andaba con el Rosario en la mano? ¡Oh, de la mala mujer que llena de grande engaño, y cuántos males hacía secretamente!". Y así se descubrirán unos a otros públicamente. Pensad la gran confusión que habrá allí, cuando se muestren todos tus pecados delante de Jesucristo y de Su Madre, o de toda la corte celestial, y delante de todas las almas bienaventuradas, y delante de todas las dañadas. Oh, qué gran confusión será ésta para todos los pecadores, y más para lo que hicieron muy grandes pecados. Porque dice la Escritura: *"Ecce ego ad te, dicit Dominus exercituum, et revelabo pudenda tua in facie tua; et ostendam gentibus nuditatem tuam, et regnis ignominiam*

---

[105] "Et vidi mortuos, magnos et pusillos, stantes in conspectu throni, et libri aperti sunt: et alius liber apertus est, qui est vitæ: et judicati sunt mortui ex his, quæ scripta erant in libris, secundum opera ipsorum" (Ap, 20,12).

tuam"[106] (Naum, 3), que quiere decir: que dice Dios al pecador: "Observad que yo estaré contra ti, y revelaré y publicaré todos tus males en tu cara, y todas las gentes los verán públicamente y en general". Y porque ningún hombre reciba tan grande afrenta, y tan gran vergüenza, haga penitencia en tanto que tiene tiempo la persona. *"Tunc sedebit super sedem majestatis suæ"*[107] (Mt, 21), que quiere decir, que entonces se sentará Dios sobre el trono de su Majestad, porque es justo que, cuando el juez da sentencia se debe sentar, y por eso se sentará Jesucristo como gran juez.

Algunos doctores dicen, que aquel día la Madre de Dios y san Pedro estarán de la otra parte, Nuestra Señora a la derecha y san Pedro a la izquierda puestos de rodillas, rogando por los pecadores. Esto es gran error, pues aquel día no osarán abrir la boca para rogar por nadie, pues ya no será tiempo de ruego. Y no estarán las rodillas doblabas, sino la Virgen María estará sentada en una cátedra junto a Jesucristo, según la autoridad: *"Positusque est thronus matri regis, quæ sedit ad dexteram ejus"*[108] (3 Re, 2), que quiere decir: "Fue puesta al costado del gran juez en un trono". Y san Mateo dice que san Pedro dijo a Jesucristo: *"Ecce nos reliquimus omnia..."*[109], que quiere decir: "Señor nosotros hemos dejado todas las cosas de este mundo '*quia omnia nihil excludit*', y os hemos seguido con gran trabajo. Señor ¿qué paga nos daréis?". Jesucristo dijo: "Ciertamente os

---

[106] "Ecce ego ad te, dicit Dominus exercituum, et revelabo pudenda tua in facie tua; et ostendam gentibus nuditatem tuam, et regnis ignominiam tuam" (Na, 3,5.

[107] "Cum autem venerit Filius hominis in majestate sua, et omnes angeli cum eo, tunc sedebit super sedem majestatis suæ" (Mt, 25,31).

[108] "Venit ergo Bethsabee ad regem Salomonem ut loqueretur ei pro Adonia: et surrexit rex in occursum ejus, adoravitque eam, et sedit super thronum suum: positusque est thronus matri regis, quæ sedit ad dexteram ejus" (I Re, 2,19).

[109] "Tunc respondens Petrus, dixit ei: Ecce nos reliquimus omnia, et secuti sumus te: quid ergo erit nobis?" (Mt, 19,27).

digo que vosotros que habéis dejado todas las cosas por amor a mí, y me habéis seguido "en la regeneración", que quiere decir que la tierra partirá a toda la gente, y aquel "partir" es generación. Y en aquel día, cuando el Hijo de la Virgen esté sentado como tribunal, vosotros no estaréis de pie, ni las rodillas dobladas, mas estaréis altos conmigo, sentados en cátedras, y no seréis juzgados, sino jueces conmigo. Pues si los Apóstoles estarán sentados, cuánto más la Virgen María, Su Madre. Dios estará más alto que todos, y después Su Madre, y después los Apóstoles, y después todos los otros según su mérito. Y si algún pobrecillo estuviese a la derecha, Jesucristo le dirá: "Tú que has dejado las cosas de este mundo por amor a mí, ven acá". Pues cuantos trabajan para ser rey. Y según dice la Santa Escritura, mirad cómo ser rey no es nada en comparación. "*Mortuus est autem et dives, et sepultus est in inferno*"[110] (Lc, 16,22), que quiere decir: "Murió el rico fue sepultado en el infierno". Haced, pues, buenas obras, porque dice san Pablo: "*Ergo dum tempus habemus, operemur bonum ad omnes, maxime autem ad domesticos fidei*" (Gal, 4), que quiere decir: "Mientras tenemos tiempo, hagamos buenas obras, que hoy estamos vivos, y mañana muertos".

Dicen que cuando Jesucristo esté en el lugar donde se hará el juicio, toda la gente del mundo se unirá en el valle de Josafat. Pero no pienses que entonces habrá ningún valle; será en aquella parte, porque allí fue juzgado Jesucristo, y por esto vendrá a juzgar. Observad lo que dice Joel en el cap. 3: "*In tempore illo, cum convertero captivitatem Juda et Jerusalem, congregabo omnes gentes, et deducam eas in vallem Josaphat*"[111], que quiere decir:

---

[110]"Factumest autem ut moreretur mendicus, et portaretur ab angelis in sinum Abrahæ. Mortuus est autem et dives, et sepultus est in inferno" (Lc, 16,22).

[111] "Quia ecce in diebus illis, et in tempore illo, cum convertero captivitatem Juda et Jerusalem, congregabo omnes gentes, et deducam eas in vallem Josaphat; et disceptabo cum eis ibi super

"En aquel tiempo juntaré a toda la gente del mundo en el valle de Josafat", porque yo quiero contar aquí con los pecadores. Podría decir alguno: "¿quién traerá a los pecadores que están repartidos por todo el mundo, allí delante de Jesucristo?".

Buena gente, sabéis que cada creatura humana, tiene un Ángel bueno, y otro malo. Santo Tomás dice que el Ángel bueno nos refrena de muchos males que haríamos, y Nuestra Señora tenía otro Ángel bueno, y Jesucristo otro aunque era Dios y hombre, y el Ángel era súbdito suyo. Por tanto digo, que cada uno será llamado por su buen Ángel en el valle de Josafat. Con todo habéis de saber que las personas que fuesen siervas de Dios, serán llevadas por los ángeles buenos, y las malas por los ángeles malos. Autoridad: "*Mittet angelos suos cum tuba, et voce magna: et congregabunt electos ejus*"[112] (Mt, 24), que quiere decir: en aquella hora Dios enviará sus ángeles buenos, y esto para los buenos, mas serán reunidos de todo el mundo buenos y malos. Y ved que los malos serán traídos como dije, por los malos ángeles con grandes tormentos, y por los cabellos con grandes alaridos, y griterías, y placeres que tendrán los malos ángeles por la gran ganancia que vendrá en aquella jornada. Y esto será cuando Jesucristo diga. Ángeles buenos y malos, cada uno me traiga el suyo. Y luego los Ángeles se irán, y cuando los malos vieren venir a los Ángeles buenos, tendrán gran dolor y espanto de ellos, que no se podrá comprender ni decir, y el ángel malo dirá cada uno al suyo: "ven acá adelante traidor"; y si el pecador dijere: "¿a dónde?" Dirá el ángel malo: "irás ante el juez que es Jesucristo, a dar cuenta de tu vida, y él te juzgará y yo te llevaré ahora ante él, y luego recibida tu sentencia te mandará ir al infierno", y dirá el pecador dañado al ángel:

---

populo meo, et hæreditate mea Israel, quos disperserunt in nationibus, et terram meam diviserunt" (Jl, 3,1-2).

[112] "Et mittet angelos suos cum tuba, et voce magna: et congregabunt electos ejus a quatuor ventis, a summis cælorum usque ad terminos eorum" (Mt, 24,31).

"oh, ángel, yo te ruego muy encarecidamente que tú me acuses", y dirá el ángel malo: "yo, y todos los elementos te acusaremos", y el ángel malo lo ha de tomar de los cabellos, y lo ha de llevar al valle de Josafat delante del juez para que dé cuenta, y tanto será el hedor que saldrá del pecador, que el ángel malo no lo podrá sufrir que apartará las narices, y el pecador dará por el camino grandes gritos, diciendo y rogando que le eche en el mar, y que no lo lleve delante de Jesucristo, y cuando esté delante del verdadero juez, no osará mirar alto sino en tierra, y el ángel malo lo tomará por los cabellos y le hará mirar arriba, entonces Jesucristo dirá a su bendita madre lo que dijo David: "madre mía, observad aquellos que me arrojaban de sus conciencias, por los grandes pecados, y ahora no osan mirarme". Son como carbones que muestran sus vergüenzas, porque todo el mal que pueden hacer, lo hacen; y en todo lugar que van, dejan escándalos y daño, y no son obedientes a su pastor. Y así los malos cristianos no son obedientes a Jesucristo, ni a la Santa Madre Iglesia.

    Y Jesucristo mandará a los buenos con muy gran honra, como a muy devotos y leales servidores; y cada uno conocerá a su ángel, y los han de abrazar con mucho amor, y dirá el alma devota: "¡Oh, Ángel de Dios!, ¿a dónde me queréis llevar?" Dirá el Ángel: "No tengáis miedo, delante de Jesucristo que te desea ver y Su Madre gloriosa que te están esperando con toda la corte celestial, allá te quiero llevar". El alma devota se alegrará y dirá: "Sea hecho de mi según la voluntad del Señor". Y el ángel bueno lo tomará en sus brazos, besándolo, y abrazándolo como madre a hijo muy amado, y así la llevará delante del alto juez Jesucristo, y delante de su gloriosa madre, y de todos sus siervos. Y por esto dice David en el salmo XC "*Angelis suis mandavit de te, ut custodiant te in omnibus viis tuis. In manibus portabunt te, ne forte offendas ad lapidem pedem tuum*"[113] (Sal,

---

[113] "Quoniam angelis suis mandavit de te, ut custodiant te in omnibus viis tuis. In manibus portabunt te, ne forte offendas ad lapidem pedem tuum" (Sal 90,11-12).

90,11-12), que quiere decir: que Dios mandó a sus Ángeles que te guardasen en todas tus carreras, y que te lleven de las manos, que los Ángeles y las almas, tienen miembros espirituales. Y tan grande será el suave olor que saldrá de los cuerpos olorosos que no se puede comprender, y el Ángel tendrá de esto gran placer, e irá cantando cánticos espirituales, y llegando delante de juez los ha de mirar en la cara con micho amor, entonces aquella alma y cuerpo glorioso dirá: "Oh, bendito Señor, te adoramos Señor Jesucristo y te bendecimos, porque tu santísima pasión y cruz redimiste el mundo, y dirán a la Virgen Madre de Dios: "Madre y abogada de los pecadores, oh bendita seáis vos Señora que trajiste en vuestro vientre virginal a Dios y Hombre verdadero", y a éstos dirá Jesucristo: "*Respicite, et levate capita vestra: quoniam appropinquat redemptio vestra*"[114] (Lc, 21,28), que quiere decir: "Alzad vuestras cabezas que vuestra redención está en el cielo". Y estos son dichos simples como ovejas porque las ovejas son inocentes, que no hacen mal con los dientes, ni con los cuernos, ni con las patas, y por esto trabajad por ser como ovejas inocentes. Y no mordáis con los dientes difamando a vuestro prójimo, ni vayáis con los cuernos a los pobres, haciéndoles gastar su hacienda, ni les hagáis maldades, si son corderos en sus necesidades con mucha conciencia.

Y guardaos de herir con vuestras manos, y con vuestros pies despreciando al prójimo. Y dice más, que la oveja es muy misericordiosa según dice la autoridad en comparación, que dice Dios a favor de los pobres: "*Qui habet duas tunicas, det non habenti*"[115] (Lc 3), que quiere decir: "Quien tiene dos vestimentas, dé una a quien no tiene, como la oveja que tiene dos ropas, y nos da parte cuando nos da su lana, y a veces su cuerpo, y nos da su hijo

---

[114] "His autem fieri incipientibus, respicite, et levate capita vestra: quoniam appropinquat redemptio vestra" (Lc, 21,28).
[115] "Respondens autem dicebat illis: Qui habet duas tunicas, det non habenti: et qui habet escas, similiter faciat" (Lc, 3,11).

y leche, queso, y manteca. Así debemos trabajar nosotros en parecer a las ovejas en humildad.

Y vosotros que tenéis riquezas, partid con los pobres, y dad buenos consejos a los rudos. Y así como la oveja no se venga aunque le deis con una vara, y aunque le mandéis es obediente, imitadla. Y para que tú te le parezcas en condición, perdona tus injurias, y ruega por tus enemigos, y sé muy obediente a tu pastor que, por pequeño que sea un niño de diez años, puede cuidar a cincuenta ovejas como aquéllas. Por esto tú te debes dejar gobernar por los prelados y caballeros que tienen señoríos y mando, que en aquel tiempo más valdrá ser humilde como oveja, que ser Papa o emperador, o rey. Muchos habrá que se parecerán a los carbones que serán dañados. Mas Dios bien conocerá a sus ovejas. Y por eso mismo dice Jesucristo: *"Ego sum pastor bonus : et cognosco meas, et cognoscunt me meæ"*[116]. *Oves meæ vocem meam audiunt"*[117] (Jn, 10), que quiere decir: "Yo soy el buen pastor, y conozco mis ovejas, y oyen mi voz y me siguen", y estas ovejas entrarán conmigo en el paraíso. Y a estas ovejas dirá Jesucristo: *"Venite benedicti Patris mei..."*[118] (Mt, 25), que quiere decir: "Venid benditos de mi Padre, y entraréis en la posesión del reino celestial, el cual está preparado desde el comienzo del mundo".

Buena gente sabed que cuando Jesucristo esté con su gloriosa Madre, y con todos los de la corte celestial en el juicio, dicen que todos estarán sentados para juzgar. Verdad es que no estará sino sólo el Juez Verdadero, que es Jesucristo. Pues, ¿cómo dice que estarán sentados la Virgen María, y todos los otros santos apóstoles para juzgar? Dicen

---

[116] "Ego sum pastor bonus : et cognosco meas, et cognoscunt me meæ" (Jn, 10,14).
[117] "Oves meæ vocem meam audiunt, et ego cognosco eas, et sequuntur me" (Jn, 10,27).
[118] "Tunc dicet rex his qui a dextris ejus erunt: Venite benedicti Patris mei, possidete paratum vobis regnum a constitutione mundi" (Mt, 25,34).

los doctores que así serán como confesores, y que será a la manera del rey Salomón que era el más sabio rey del mundo, después de Nuestro Señor Jesucristo; y no hacía ningún juicio sin demandar consejo a sus consejeros por darles honra. Y después Salomón escogía según su voluntad y saber. Y así de esta manera, Jesucristo a su Madre gloriosa y a los apóstoles mentalmente. "¿Qué os parece; qué sentencia y galardón debo yo dar a esta gente de la mano derecha, y la Virgen María y los santos apóstoles mentalmente?"; ¿no os parece pues que esta bendita gente que guardó nuestros mandamientos, y siguieron nuestra voluntad, debe subir con nosotros arriba?". Y dirá luego la Virgen María, Madre de Dios, y los santos apóstoles: "Este era nuestro gran deseo"; y dirá luego Jesucristo dando sentencia. "Yo que soy Señor juez universal, definitivamente digo que así sea hecho; y que esta es la justicia recta mi voluntad".

    Y se ha de volver a ellos con cara muy alegre, y dirá: "*Venite benedicti Patris mei, possidete paratum vobis regnum a constitutione mundi*"[119] (Mt 25), que quiere decir: "Venid benditos de mi Padre, y entraréis en la posesión del reino celestial, el cual está preparado desde el comienzo del mundo". Entonces dada esta sentencia definitiva, los Apóstoles y todos los santos, y todos lo que se salvaren se echarán en tierra diciendo: "*Gloria tibi Domine qui natus es de Virgine, cum Patre et Sancto Spiritu in sempiterna sæcula*", que quiere decir: "Gloria a ti, Señor, que naciste de Madre Virgen, que con el Padre y el Espíritu Santo vives por todos los siglos de los siglos. Amén".

    Hechas estas gracias todos se levantarán en el aire, y no con los Ángeles, sino por sí mismos, por virtud de la gloria que tendrán; y cuando estén a los pies de Jesucristo se los besarán, y también las manos; y así mismo a la gloriosa Virgen María, Madre de Dios y abogada de los

---

[119] "Tunc dicet rex his qui a dextris ejus erunt: Venite benedicti Patris mei, possidete paratum vobis regnum a constitutione mundi" (Mt, 25,34).

pecadores. Dada la sentencia todos seremos levantados en el aire con Jesucristo. Y de allí en adelante siempre estaremos con él en su compañía. Entonces no quedarán si no los de la parte izquierda, y a estos condenados dirá Jesucristo: *"Discedite a me maledicti"*[120] (Mt, 25,41), que quiere decir: "Apartaos de mí, malditos, id al fuego infernal, el cual está preparado con Lucifer y con todos sus ángeles". Antes que Jesucristo haya dado la sentencia a los dañados, dirá primeramente como hizo en la otra sentencia de los buenos: "Oh, Madre mía gloriosa", y esto mismo dirá a los Apóstoles: "¿Qué os parece que debo hacer con esta mala gente que está en la parte izquierda?". Le responderá la Virgen María, Madre suya y todos los apóstoles: "Pues, esta desventurada gente y desconocida no quisieron seguir según vuestros mandamientos, por esto permanezcan todo tiempo en compañía de Lucifer y todos sus compañeros; recibida la sentencia, dirán: "Oh, madre de Dios vos que sois madre de los pecadores rogad por nosotros". Dirá la Virgen María: "Verdad es que yo he sido madre de los pecadores, después que recibí a mi Hijo glorioso he rogado por ellos hasta aquí, y ahora he cumplido mi tiempo, ya no soy abogada sino juez con mi hijo", y así dirán los apóstoles: "Que vayan con los demonios, y cuando se vean de todos desamparados, y sin ningún remedio, dirán así como desesperados a grandes voces: '*Maledicta dies in qua natus sum!*"[121] (Jer, 20), que quiere decir: "¡Maldito el día en que nacimos!" Y dirá cada uno "Maldito sea mi padre y mi madre que no me ahogaron". Y dirán el padre y la madre: "Maldito seas hijo, que por ti soy dañado, por consentirte tus vicios y pecados, y por darte riquezas". Y dirá el hijo: "Malditos seáis padre y madre, que por vosotros soy yo dañado porque no me disteis doctrina, y me dejasteis los

---

[120] "Tunc dicet et his qui a sinistris erunt: Discedite a me maledicti in ignem æternum, qui paratus est diabolo, et angelis ejus" (Mt, 25,41).

[121] "Maledicta dies in qua natus sum! dies in qua peperit me mater mea non sit benedicta!" (Jer, 20,14).

bienes que yo tenía injustamente". Otro tanto dirá la mujer al marido, y el marido a la mujer. Y los hermanos unos a otros; parientes con parientes. Y cuanto mayor habrán sido los amores en este mundo, tanto serán entonces peores los dolores.

Pensad cuán grande será el llanto de los moros, judíos, y malos cristianos. Y mandará Jesucristo: *"Inferne, aperi os tuum, et devora illos"*, que quiere decir: "Infierno, abre tu boca, y traga estos malditos". Y súbitamente el infierno se abrirá, y allí mismo a los pies de los dañados se abrirá una gran boca, y todos en un cuerpo y en alma, caerán dentro. ¿Qué dirán los reyes, duques, condes, marqueses, y caballeros? que no tenían justo título en sus señorías, y gobernaban contra justicia, y de la sangre, y del trabajo, y de los hechos y robos; que hacían a sus vasallos vayan cargados de muy ricas ropas y joyas, de muchas vanidades y deleites del mundo. ¿Y qué dirán los prelados? que tienen falsamente sus dignidades, que no han entrado por la puerta de la elección, si no por dineros, ruegos y presentes; y andan muy pomposos y aferrados, y viven de los bienes y limosnas de las almas, porque no hacen servicio de Dios por ellas, ni celebran, ni dan las dos partes de la renta a la Iglesia, y a los pobres, y dicen: "Veamos cuánto tenemos de cosas importantes, mas no decís de robadas". Y ¡qué harán y dirán los clérigos!, que no rezan sus breviarios, antes los hallaréis muy armados en sus casas, y los que rezan sin devoción, que más le valdría que no rezasen, que deberían decir las horas despacio, y parece que las corren; y no dicen misa sino por dineros, y la mayoría no la dicen por holgar con los vicios del mundo. Estos clérigos que tienen concubinas en sus casas con sus hijos, y van muy pomposos llenos de vanagloria y limosna. ¿Qué harán y dirán los logreros? Todos irán en un atado al infierno. ¿Qué harán y dirán los lujuriosos? ¿Qué harán y dirán las mujeres que se arreglan y pintan? Como si Dios no supiese pintar las criaturas que él hace con su infinita sabiduría. Veamos, si un pintor hubiese pintado una imagen, y otro la quiere adobar, y tornar a dar otros colores de las que primeramente el pintor había puesto, ¿no os parece que tal pintor se enojaría? Y vosotras os hacéis las cejas, y los ojos delineados, y tomáis pelucas, y os queréis excusar diciendo que lo tenéis por vuestros maridos. Y digo que no es así, que vuestro marido bien sabe qué carne tenéis, y qué cejas y qué ojos, y así bien se muestra que no hacéis por vuestros maridos, sino lo hacéis por engañar a otros. Por esto dice Isaías: *"Colligite primum"*. Dice que los pecadores según que estarán todos en un pecado, que todos irán atados en un atado, y en un lugar. Así serán hechos atados de ellos, como de leña para quemar, y serán puestos en el fuego del infierno. Y por esto decía el secreto, que todos harían un grupo. Y cuando todos estén dentro, no quedará ningún lugar, ni abertura, antes los dañados quedarán encerrados para siempre jamás con el gran humo, hedor, oscuridad, y tormentos. Entonces Jesucristo dirá: "Extiéndase el agua sobre la tierra", y entonces el agua se extenderá sobre la tierra, así como estaba de antes. Después dirá Jesucristo: "Madre mía muy amada, pues como hemos hecho ejecución de los malos, pongamos en posesión de los buenos. La Virgen Santísima María, Nuestra Señora, entonces dirá: "Mi Señor Hijo, hágase aquello que a vos plazca, que de todo estaré muy contenta". Y Jesucristo la tomará por la mano y dirá: "Ángeles y Arcángeles cantad". Así irán en procesión cantando aquellos cánticos con grandes melodías. ¿Podéis pensar, cuando todos subirán con aquellos tan maravillosos, y dulces cantares, qué gloria tan grande será aquella? A la entrada de los primeros cielos dirán: "Oh Señor, ¿qué tan grande maravilla es esta que tú creaste para los que te sirven, y tan hermosas creaturas nos creaste?" Pues cuando entrarán por el cielo empíreo, estarán todos los bienaventurados como espantados, que según dice David, estarán como borrachos. Y por esto decía el profeta Baruc en el tercer capítulo: *"O Israel quam magna est domus Dei, et infens locus possessionis ejus!*[122]*"*, que

---

[122] "O Israel quam magna est domus Dei, et infens locus possessionis ejus!" (Ba, 3,24).

quiere decir: "¡Oh Israel cuán grande y hermosa es la casa de Dios!", y así parece por razón natural. Que ya veis el cielo cómo está estrellado y hermoso. Pues si es tal, ¿qué producirá el haz dentro? Después dirá Nuestro Señor Jesucristo a los bienaventurados aquellas palabras escritas en el décimo capítulo de san Lucas: "*Gaudete autem, quod nomina vestra scripta sunt in cælis*"[123], que quiere decir: "alegraos y tomad placer y gozo, que vuestros nombres escritos están en el cielo", y Jesucristo los coronará con su gloria según dice la autoridad: "*Ideo accipient regnum decoris, et diadema speciei de manu Domini*"[124], que quiere decir: "Con la corona, de la mano de Dios, serán coronados". Y que estarán en aquella gloria para siempre, y nunca habrá hambre, ni sed, ni frío, ni calor, y todos estarán en consolación, y tendrán cuanto querrán; y aquí acababa.

Además, dijo san Vicente Ferrer aquellas palabras que están en el duodécimo capítulo de Tobías, las cuales dijo el Ángel Rafael, que la limosna libra de muerte, limpia los pecados, y hace hallar la vida eterna. Y dice más: que aquello que dieras en limosna, que sea bien ganado, y justamente. Además dice que perdones tus injurias(...)[125]. Porque dice la autoridad (Mt, 6): "*Si autem non dimiseritis hominibus: nec Pater vester dimittet vobis peccata vestra*"[126], que quiere decir: "Si vosotros no perdonáis vuestras injurias, ni vuestro Padre perdonará vuestros pecados". Es más, dice que estamos obligados por pena de

---

[123] "Verumtamen in hoc nolite gaudere quia spiritus vobis subjiciuntur: gaudete autem, quod nomina vestra scripta sunt in cælis" (Lc, 10,20).
[124] "Iedo accipient regnum decoris, et diadema speciei de manu Domini: quoniam dxtera sua teget eos, et brachio santo suo defentet illos" (Sab, 5,17).
[125] Frase sin sentido en el original. La hemos omitido; decía: "que perdones tus injurias; que cuantos santos hay en el paraíso, y la Virgen María no recaudaría gracia de un pecado venial".
[126] "Si autem non dimiseritis hominibus : nec Pater vester dimittet vobis peccata vestra" (Mt, 6,15).

pecado mortal a siete años de penitencia. Empero está la voluntad del confesor, y dice siete años, porque cada pecado mortal peca contra los siete dones del Espíritu Santo. Estas son las siete edades del mundo. La primera fue de nuestro padre Adán que duró hasta Noé. La segunda de Noé hasta Abraham. La tercera desde Abraham hasta Moisés. La cuarta desde Moisés hasta David. La quinta desde David hasta la transmigración de Babilonia. La sexta desde la transmigración de Babilonia hasta el advenimiento de Nuestro Señor Jesucristo. La séptima desde el advenimiento de Nuestro Señor Jesucristo, y durará hasta el fin del mundo.

También dice san Vicente Ferrer en el sermón del Evangelio de san Lucas a los Judíos: Ved que no esperéis a Cristo el Mesías si no para juzgar que pronto, muy pronto vendrá. Que yo soy el mensajero y pregonero que soy enviado por Dios para denunciarlo a todos. Asimismo dice más, que el comienzo de nuestra predicación fue en Eva que era virgen y desposada, y que por esto quiso Dios que en mujer perpetua virgen y deposada que es Nuestra Señora, la Sacratísima Virgen María, fuese el principio de nuestra redención. Además dice cómo están obligadas las mujeres a servir a sus maridos, según parece por la autoridad de san Pablo (Ef, 5): "*Mulieres viris suis subditæ sint, sicut Domino*"[127], que quiere decir: "que las mujeres casadas sean sumisas y humildes a sus maridos, porque el marido es cabeza de la mujer". También dice en el sermón de las nueve plagas del infierno que mayor pecado es robar una candela de la Iglesia (porque es sacrílego) que robar de otra parte mil florines, porque es hurto simple. Porque en persona de Dios dice David en el salmo CIV: "*Nolite tangere christos meos, et in prophetis meis nolite malignari*"[128] (Sal, 104,15). Esto quiere decir, que Nuestro Señor Dios no ha dejado poder a ningún hombre que hiera, ni toque a ningún

---

[127] "Mulieres viris suis subditæ sint, sicut Domino" (Ef, 5,22).
[128] "Nolite tangere christos meos, et in prophetis meis nolite malignari" (Sal 104,15).

clérigo, ni a las posesiones y bienes de ellos, ni hacerles mal. Asimismo dice de nueve miserias que tienen los clérigos viciosos que son como rufianes, y tienen espadas, y saben tañer, cantar y decir vanidades, dicen: "Oh, ¿cómo es buen clérigo aquél? Mas si es devoto y hace buena vida, dicen que no es bueno; que nadie se puede aprovechar del que es hipócrita".

Laus deo.

Índice

Presentación 3
Breve reseña biográfica 5
Declaraciones de los sermones de san Vicente Ferrer ... 7
Primer sermón: Del Anticristo mixto (u oculto) 9
Ecce positus est hic in ruinam 9
"Este está puesto para caída y elevación de muchos en Israel" (Lc 2, 34) 9
   PRIMERA PARTE: La destrucción y la pérdida de la vida espiritual 9
   SEGUNDA PARTE: la pérdida y caída de la dignidad eclesiástica 20
   TERCERA PARTE: la pérdida de la fe católica 34
Segundo sermón: de las engañosas maneras que tendrá el perverso y maldito hijo de perdición, el Anticristo ... 38
Quædam mulier de turba dixit illi 39
   1.   Engaño de las personas mundanas: como el pescador 42
   2.   El engaño de los simples 48
   3.   El engaño de los sacerdotes y personas formadas 53
   4.   El engaño de los que tienen vida de santidad . 57
Tercer sermón: La causa por la cual sufrirá Dios que venga el Anticristo al mundo 61
Cuarto sermón: Si ya ha nacido el Anticristo 82

Made in the USA
Las Vegas, NV
18 June 2024

91216612R00069